나의 별로 가는 길

지은이 Jaye 지영 윤
발행일 2025년 3월 1일
발행인 유명종
발행처 희망사업단
주소 경기도 안산시 상록구 안산테콤길 32
연락처 010.9204.7058
디자인 굿스펠디자인

정가 18,000원

ISBN 978-89-98717-80-3 (03810)

* 본 원고 및 삽입된 모든 그림의 저작권은 작가에게 있음.

# 나의 별로 가는 길

추천사

# 수필의 문법

박상률 (소설가)

 소설을 비롯한 어떤 문학 장르든 작가의 체험이 글쓰기의 출발점이 된다. 현실적인 체험이든 머릿속만의 공상적 체험이든 작가에겐 모두 중요한 자산이다. 소설가들은 현실의 사실적 체험일지라도 상상력을 발휘하여 소설을 쓴다. 물론 처음부터 머릿속에서만 궁굴리는 공상적 체험인 허구를 바탕으로 하여 상상력을 발휘하기도 하지만….

 수필에서도 상상력을 발휘한다. 하지만 수필에선 출발점이 거의 현실의 사실적 체험이다. 소설가들이 즐겨 쓰는 공상적 체험이 아니다. 대부분의 소설에선 허구를 바탕으로 하지만 상상력을 발휘하여 진실을 추구한다.

이에 반해 수필은 사실을 바탕으로 하고, 이 사실을 약간 가공하여 진실을 추구한다. 수필은 현실에 없는 허구가 바탕이 되지도 않고 조그마한 사실이라도 그걸 실마리 삼아 가공하고 엮어서 이야기를 전개시키기 때문이다. 허구의 상상력인 소설이든, 사실의 가공인 수필이든 결국은 진실을 추구하는 글쓰기라는 점은 같다.

윤지영의 수필집 '나의 별로 가는 길'은 수필 쓰기의 문법에 아주 충실하다. 작가 자신의 체험을 바탕으로 삼되, 그걸 가공하는 요리를 한다. 요리할 때 첨가되는 양념은 '해학'이다. 모든 글에서 해학은 '의미 있는 재미'를 느끼게 한다. 해학은 사실을 왜곡하지 않고 가공하는 과정에서 자연스레 들어가야 제 맛이다. 나아가 작가 자신의 몸을 어리숭한 듯하게, 또 천연덕스럽게 내어 줄 때 독자는 재미있어 하고 작가의 의도에 공감한다.

이야기의 진실은 작가가 선언하고 단언해서 독자가 억지로 받아들이도록 하는 게 아니라, 독자가 공감하면 저절로 자연스레 받아들이게 된다. 윤지영의 수필은 편 편마다 고개를 끄덕이게 하며 입가에 슬며시 미소를 짓게 한다.

추천사

## 삶의 이면

김찬호 (성공회대 초빙교수)

　정치적 격동과 극심한 파열음 속에 마음이 부대끼는 시절이다. 폭언과 독설이 난무하는 세상에서 사람이 무서워질 때가 많다. 심성이 거칠어지는 까닭은 자신의 삶을 돌보지 않기 때문이다. 크고 작은 경험들을 돌아보고 의미를 발견하는 작업이 절실하다.

　윤지영 작가는 그러한 정신세계를 세밀하게 개척하고 창조한다. 이 책은 일상의 소중함을 일깨워주는 언어로 가득 차 있다. 길지 않은 인생 여정이지만 다양한 삶터와 일터를 지나오면서 겪은 일들이 산뜻한 이야기로 채색된다.

　평범한 사건들을 비범한 시선으로 통찰하면서 일궈가는 스토리텔링은 세상의 숨겨진 이면들을 새삼 비춰

준다. 쏟아지는 정보와 이미지에 파묻혀 놓치기 쉬운 삶의 진실을 입체적으로 드러내는 것이다. 작가가 직접 그린 그림들이 곁들여져서 책의 감칠맛을 더해준다.

4  수필의 문법 | 추천사

6  삶의 이면 | 추천사

12  나의 별은 어디인가 | 프롤로그

## 실은 이런 사람입니다만

17  나의 별로 가는 길

22  눈치 한 판

29  내 목소리, 아직 거기 있는가

36  원숭이 동산에 올라

40  나, 호구?

45  내 친구라고 말해봐

52  진짜로 부산에서 서울까지 걸었을까?

56  꿈을 작게

61  우주선과 갤리선

66  미안합니다

72  13인의 아해

## 사람은 무엇으로 사는가

79  폭죽놀이

85  석성이 풍년

90  의미 한 조각

94  누가 누가 더 무섭나?

100  내 맘, 네 맘

107  더 있다

111  영원한 평범

116  시지프스의 돌

121  쉿, 눈으로 말해요

## 경험주의자로 사는 법

- 131 따로 또 같이
- 139 열길 바닷속
- 145 맹꽁이의 안전한 하루
- 153 너 바보지? 그치?
- 159 만리장성 원정대
- 165 여기 식사도 되나요?
- 171 12시간, 틱톡틱톡
- 177 이야압!
- 184 아름다운 청년
- 192 파리에서 꽃을 사다

## 다행이다

- 203 모자란 사람끼리 살기
- 210 그래도개년
- 217 아저씨 때문에? 아니, 덕분에!
- 222 장님 나라의 외눈박이
- 229 이웃, 마틸다
- 233 발가락을 도도독
- 239 금니 삽니다
- 245 닳아 없어져도
- 252 The Show Must Go On

- 258 초심을 떠올리며 | 에필로그
- 260 그림목차
- 264 독서카드

프롤로그

# 나의 별은 어디인가

　어린 시절, 책벌레였다. 이라크에서 자랐는데, 책이 많지 않아 어느 집이든 가면 책장부터 살폈다. 얼마나 책을 좋아했던지 여러 가족이 모여 여행을 가며 나를 빼고 출발한 지도 모르고 혼자 방구석에서 책을 읽은 적도 있었다. 혼비백산해서 되돌아온 부모님과 어른들에게 꾸지람을 한가득 들었다. 아무리 아이들이 이 차 저 차 제멋대로 섞여 탔다지만 일곱 살 자식을 놓고 간 게 말이 되느냐며 영화 '나홀로 집에'를 볼 때면 엄마에게 투덜대곤 했다. 수필을 쓰기 시작하며 이런 기억들은 생각나는 대로 언젠가는 글의 소재로 써야지 하고 모아놓는다.

나만 삶이 이렇게 내내 낯선가 하며 '속풀이'로 시작한 수필인데, 쓸수록 가족들, 친구들, 직장 동료들과의 희끄무레한 추억들까지 글 속에서 생생하게, 더 재밌게 되살아난다. 나를 서운하고 서럽게 만들었던 사건들은 성찰과 함께 정리되면서 사람과 삶에 대한 내 시선도 조금은 더 따뜻해진다.

나를 이해해 줄 나의 별은 어디인가 생각하며 그렸던 그림과 썼던 글들을 모아 책을 낸다. 남의 옷을 입은 듯 불편했던 직장생활에서 마침내 벗어나 나다운 방식으로 세상과 소통하려 내딛는 첫걸음인 셈이다. 내 글과 그림이 나저럼 '나의 별'이 그리운, 삶에 서툰 사람들에게 공감과 위로가 되기를 바란다.

글쓰기를 가르쳐주신 박상률 작가님, 대학교 시절 은사이신 김찬호 교수님, 책 퇴고에 도움을 주신 JY 김정연 변리사님, 문학애호가 금융인 장혜원 CFA님, 그리고 책 출판을 도와주신 유명종 대표님, 윤환 대표님에게 감사드린다. 그리고 나의 가장 큰 후원자인 남편과 가족들에게 감사와 사랑을 전한다.

2025년 봄
Jaye 지영 윤

나의 별로 가는 길

눈치 한 판

내 목소리, 아직 거기 있는가

원숭이 동산에 올라

나, 호구?

내 친구라고 말해봐

진짜로 부산에서 서울까지 걸었을까?

꿈을 작게

우주선과 갤리선

미안합니다

13인의 아해

# 실은 이런 사람입니다만

⟨Self Portrait⟩ 49cm x 37cm

누구나 그래, 라고 그냥 살기에는
'겉에서 보는 나'와 '실제의 나' 사이의 간격이 아찔했다.
그래서 쓰고 또 썼다.
야망 대신 자유와 소통을 추구하는 글쟁이 그림쟁이는,
이렇게나 말이 많다.
쓸데가 없든, 있든.

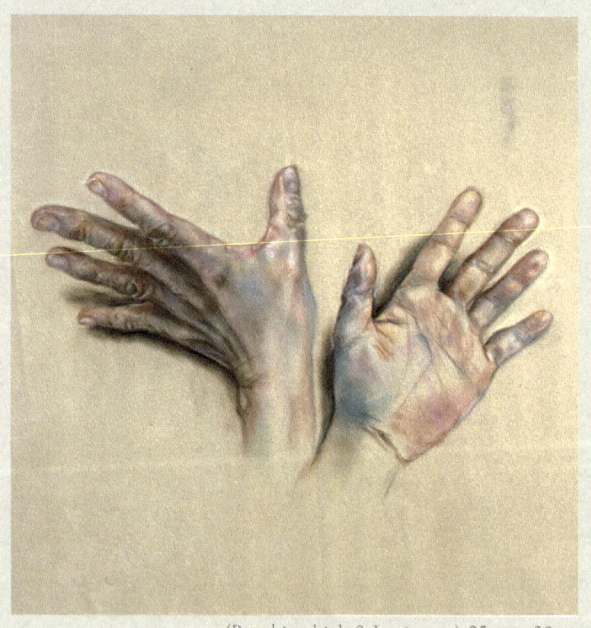

⟨Reaching high & Letting go⟩ 25cm x 30cm

# 나의 별로 가는 길
글쟁이 그림쟁이예요

초등학교 3학년 때 다녔던 동네 미술학원 원장님은 내 그림에 이야기가 담겨 있고 회화적이라고 했다. 소질 있다며 엄마에게 그림을 시키라고 권했단다. 아이가 셋이라 미술 시키기는 부담스러우셨던지 방학 때만 다니고 말았던 것 같다. 해외를 오가며 학사행정의 실수(?)로 연합고사를 다시 보고 이듬해 다른 고등학교로 입학해야 하는 상황이 되자 그 권고를 기억했는지 엄마는 예술고등학교에 가겠느냐고 물었다. 입시 미술하는 애들은 경쟁심이 강해서 시험 볼 때 붓으로 물을 튀겨 남의 그림을 망치기도 한다고 들은 게 생각났다. 며칠 뒤 엄마한테 그림으로 밥 먹고 살 만한 재능은 아닌듯 하다며 예술고등학교는 가지 않겠다고 했는데, 사실은 이야기 속 그 아이들을 만날 일이 무서웠다. 대학 입학을 앞두고는 생긴 지 몇 년 안 된 신생 만화 전문대에 가고 싶어 가슴앓이했다. 당시 나의 미래는 부모님과 학교의 기대에 부응하느라, 성적에 맞춰 최대한 높은 대학 아무 과나 가는 걸로 정해져 있었다. 늦은 밤, '상담의 전화' 선생님과 통화하며 울었다. 수화기 너머로 처음 만난 선생님은 아직 수능까지 시간이 좀 남았으니 찬찬히 준비하면 성적이 오르지 않겠느냐며 위로를 건넸다. 그 말에 내 속상한 흐느낌은 서러운 통곡이 됐다.

"성적이 모자란 게 아니고 남아서 못 가요. 으헝헝."

이렇게 저렇게 그림을 업으로 삼아 볼 수 있는 교육 기회를 모두 흘려보낸 후 그림은, 가슴 한편에 밀어둔, 가지 못한 길로 남았다.

2010년 여러모로 힘든 시기, 답답한 마음에 여기저기 쏘다니다 문득 그림이 그리고 싶어져 홍대 앞으로 무작정 갔다. 알아보지도 않고 불쑥 들어간 화실에서 선생님은 무얼 그리고 싶으냐고 물었다. 마치 오랫동안 생각해두었던 양 유화 인물화라는 말이 자연스레 나왔다. 그리고, 덧붙였다.

"가르칠 때 제 그림에 손대지 마시고 그냥 말로 알려주세요."

여기저기서 받은 마음의 상처를 애먼 데 푸느라 화실 사람들이 친근하게 다가와도 말 한마디 안 섞고, 선생님들은 내 그림에 손을 못 대게 하며 고슴도치같이 굴었다. 속으로는 화실을 정말 좋아해서 토요일마다 빠짐없이 갔다. 칠팔 개월가량이 흘렀다. 유화를 배우겠다고 시작했지만 중간 과정으로 배운 파스텔의 매력에 푹 빠졌다. 내 그림을 손으로 만지고, 나의 그림 속 여인들의 얼굴을 화장시키듯 톡톡톡, 슥슥슥. 그림을 그리는 동안 나는 그녀들을 오래오래 쓰다듬으며 말을 걸곤 했다.

**어떤 사람이 되고 싶으냐고.**

나보다 모두 한참 어렸던 이십 대의 선생님들은 하나같이 나와의 약속을 잘 지켰다. 그림에는 일절 손대지 않고 조용히 뒤에서 지켜보다 말 한두 마디로 툭, 그렇게 가르쳤다. 나를 다독여주는 어린 선생님들과 신뢰가 여러 달 쌓인 후에야 나는 가르침을 주는 손길을 받아들였다.

십몇 년이 지났다. 이번에는 글쓰기를 배운다. 나의 선생님은 나보다 나이가 한참 많으시다. 선생님은 거침없이 빨간 펜으로 내 글을 수정하신다. 처음에 그걸 받았을 때는 잠시 당황했다. 사회생활 신입 시절에 조차 자료를 수정하라는 피드백을 받으면 들고 쫓아가서 왜 이렇게 했는지, 왜 이게 맞는지 설명하고 설득했던 나다. 하지만, 수필은 수정받고 보니 '아, 내가 모자라구나' 순순히 받아들여졌다. 그래서 선생님의 피드백을 흡수하고, 곱씹고, 다음에는 더 나은 글을 쓰려고 노력한다. 다른 수필들을 읽고 합평을 들으며 삶을 따뜻하게 보는 법, 사는 법을 배운다.

이제야 돌이켜 보니, 성적에 맞춰 갔다지만 학교의 분위기도, 영문학도, 사회학 전공도 다 나와 잘 맞았다. 특히 영문학은 책벌레로 자란 터라 공부한다는 생각도 안 하고 재밌게 들었다. 하지만 그렇게 좋아했으면서도, 예술고등학교 진학을 고민할 때 도전조차 안 하고 포기했듯이 나는 글을 업으로 삼기에는 밥 먹고 살만한 재능이 아니라고 일찌감치 결론지었다. 그러곤 '어쩌다' 경영대와 공대 출신이 많이 가는 컨설팅 회사를 거쳐 이과 계열 전공자들로 가득한 업계를 갔다. 노력하여 나름의 성과를 거두면서는 좋아하는 걸 하지 말고 잘하는 걸 하라는 말을 계속 되새겼다. 좋은 때 나쁜 때를 가리지 않고 불쑥불쑥, 이건 나의 언어가 아니다, 여긴 나의 별이 아니다, 는 마음이 찾아오는 건 외면하고 말이다.

코로나 백신 부작용으로 두 달 휴직에 들어가면서 내가 진정으로 하고 싶은 게 무언지 전력을 다해 찾아

보느라 하고 싶은 일과 좋아하는 걸로만 삶을 꽉 채웠다. 얼마나 즐거웠는지 절로 콧노래가 나왔고 꿈조차 형형색깔로 꾸었으며 심지어는 BGM마냥 꿈에 음악이 깔리는 날도 있었다. 온전히 나에게만 집중해 '자아 찾기'를 해보니, 글과 그림이 남았다. 그 후 직장인으로 몇 년을 더 보내고 나서야 글쟁이 그림쟁이로 살겠다 작정할 결심이 섰다. 이상한 건, 더 이상 그런 태평하고 신나는 꿈은 꾸지 않는다는 거다. 아마 글도 그림도 나름의 목표가 생겨서인가 싶은데, 이제 또 조금은 알 것도 같다.

  나의 별로 가는 길은 누군가 깔아놓은 노란 벽돌길을 찾아 따라가는 게 아니요, 나의 글 하나, 그림 한 점으로 스스로 깔아가는 길이라는 걸. 그렇게 벽돌 하나씩, 한 걸음씩 가다 보면, 나의 발도 언젠가는 나의 별에 닿는 날이 오지 않을까 한다.

# 눈치 한 판
도움이 되고 싶어요

얼마 전부터 송이 바나나를 사면 묶음 꼭지를 해체해서 예쁘게 다듬어 놓는다. 보관에 좋다는 이야기에 그렇게 하기 시작했는데, 막상 그리 해놓으니 몇천 원 안 하는 바나나가 새삼 귀해 보였다. 그 모습에 옛 추억이 떠올랐다. 바나나를 '귀하게' 얻었던 이라크에서의 어린 시절, 전쟁 중이라 물자가 귀했던 풍경이.

이란과 전쟁 중이던 이라크에서 초등학교 3학년까지 4년 반을 살았다. 국제학교에 다녔는데, 도시락을 싸가야 했다. 어린 마음에 아침이면 엄마가 손에 들려주는 스누피와 찰리 브라운이 그려진 하늘색 플라스틱 도시락 박스가 좋았다. 도시락을 열면 비닐랩에 싸인

샌드위치, 스낵 등과 가벼운 맛의 가짜 과일 주스류가 종종 있었던 듯하다.

당시 나는 편식이 심해서 그랬는지, 연년생인 언니보다도 네 살 차이가 나는 동생과 키가 더 가까울 정도로 작았다. 이목구비가 또렷한 꼬맹이가 빼빼 말라 새까맣기까지 해, 그 당시 사진을 보면 인도나 방글라데시에서 온 친구들과 오히려 한 가족 같았다.

그에 비해 언니는 뽀얬고, 세계 여기저기에서 온 아이들 중에서도 키가 큰 편이었다. 교우관계도 좋아 집으로 초대받는 일도 많았다. 그중에는 어린 나이임에도 눈이 크고 호리호리해 여배우들 떠올리게 할 만치 예쁜 유고슬라비아에서 온 '이브'와 '마하'라는 이름의 사우디아라비아 아이가 있었다.

나는 유치원 다니기 전, 한국에서 언니가 친구 집에 놀러 갈 때면 곧잘 따라갔는데, 이라크에서도 그게 이어졌다. 언니가 좋아서 데리고 다닌 건지, 눈치가 없는 탓에 내가 '껌딱지'한 건지는 모르겠다만, 덕분에 이브네 집에서는 누텔라 같은 스프레드를 바른 크레페의 찐득하면서도 고소한 초콜릿 맛에 황홀해했고, 사우디 공주 설이 있던 '마하'네 집에서는 조금 쭈뼛댔던 추억이 생겼다.

이라크에 살던 여러 나라에서 온 가족들은 각자의

국가에서 공수해 오는 품목이 달랐다. 한국 사람들은 고춧가루, 김 등이라면, 독일 해외 파견 직원들은 소세지를 공수해 오는 식이었다. 친한 가족 간에는 서로 나누기도 했는데, 아이들 사이에서도 그런 나눔이 있었는지 언니의 하굣길 도시락통에는 가끔 바나나가 들어 있었다. 누가 줬는지는 기억 안 나지만, 언니가 도시락 박스에서 노랗고 보드라운 바나나 한 개를 꺼내 나눠 준 게 여러 번이었다. 지금 생각하면 일고여덟 살 남짓한 아이가 동생들 주겠다고 그 달콤한 향기를 어찌 참았는지 신기하고 기특하다.

항상 그랬던 건 아닌 것 같은데, 이라크에 있는 4년간 동안 전쟁이 깊어지며 그랬는지, 바나나 같은 과일뿐 아니라 달걀도 귀했다. 가게 앞에 줄을 서야 했고, 물량이 떨어지면 못 사는 시스템이었단다. 어느 날인가 몰려서 줄을 서면 티가 난다며 엄마가 제일 앞에 서면서 좀 떨어져서 언니를, 그리고 몇 명 뒤에 나를 세웠다. 줄이 서서히 줄어들며 엄마가 달걀 한 판을 받았고, 얼마 후 언니까지 받는 게 보였다. 내 차례가 되어 팔을 머리 위로 뻗었는데, 나를 내려다보는 이가 달걀은 안 주고 빤히 보더니 안된다며 손을 내저었다. 이라크 말이라 알아들을 수는 없었지만, 뒤편을 손가락질

하는 게, 너 저 사람들과 한 가족 아니냐는 뜻인 듯했다. 별수 없는 빈손 아이는 희한하게도 거절당한 민망함보다는 '내 몫을 다하지 못했다'라는 수치스러움에 가까운 죄책감이 앞섰다. 지독한 편식 아동이었던 내가 그나마 잘 먹던 달걀이어서 그랬을 수도 있지만, 그때의 일은 감정까지 꽤 생생하게 기억에 남았다. 단편적이고 찰나인 경험이었지만, 생계에 투입되는 순간, 어린 마음에 어떤 무늬가 새겨지는지 막연하게나마 느꼈던 '사건'이었다.

비슷한 시기에 '아동 노동'을 제대로 간접 경험한 건, 손에 잡히는 대로 책을 읽던 중에 6권짜리 대중 소설이었던 〈오싱〉을 읽으면서였다. 그때 나는 제 나이 또래 아이가 더부살이로 추운 손을 호호 불어가며 기저귀 빨래하다 도망가는 장면에서 눈물 흘렸고, 고된 하루 끝에 반 공기 남짓한 무밥에 실망하자 나쁜 어른이 '어린 계집애가 밥을 한 공기나 먹는 건 듣도 보도 못했다', 고 구박받는 장면에서는 내 뱃구레에 견주어, 단지 아이라는 이유로 밥 한 공기를 안 주는 처사에 화가 치밀었다. 한 줌만 한 여자 어린이도 어른만큼 먹을 수 있다고요!

이런저런 직간접 경험의 기억 때문일까? 티브이 채널을 여기저기 돌리다 접하는 기부 캠페인의 장면들, 특히 어린 아이들이 온종일 노동 끝에 뿌리 열매 서너 개를 가지고 하루 한 끼를 하는 모습 등을 보면 안절부절못한다. 〈수단의 굶주린 소녀〉라는 퓰리처상을 수상한 사진이 있다. 아마 누구나 한두 번쯤은 봤을 유명한 사진인데, 뼈가 드러나도록 마른 아프리카 아이가 지금이라도 눈앞에서 고꾸라질 듯 있는 걸 독수리가 노려보는 사진이다. 이 사진 한 장으로 퓰리처상을 받은 케냐 출신의 기자는 아이를 먼저 구하지 않고 사진을 찍었다는 비난을 받았다. 안타깝게도 그런 참상을 수없이 목격한 괴로움에 자살로 생을 마감했다니 함부로 말해서는 안 되는 일이지만, 나도 그 케냐 기자를 비난했던 사람들과 비슷한 마음이지 싶다. 기부 캠페인 영상을 보며 훌쩍거리다가도 저걸 찍은 사람들은 카메라를 다 돌리고 나서는 아이들의 끼니를 즉시 챙겼는지, 현장에 있었으니 그 가난을 탈출하도록 도움을 주었는지 궁금하다.

누구도 마음이 편치 않을 그런 장면을 어떤 이는 해당 비영리 단체만 좋은 일 시키는 거라며 눈을 돌릴 테고, 누구는 일회성의 전화 한 통을 할 것이며, 누군가에게는 아동 결연을 통한 장기 후원의 계기가 되기도 할 테다. 어떤 게 바람직한 행동이라는 정답은 없다.

다만 내 경우, 가난 구제는 나랏님도 못한다는데, 수없이 많은 기부처와 어려운 사람들을 보면 동정심, 죄책감을 넘어 무력감이 든다. '빈곤 포르노'라는 말(?)도 있듯, 동정심을 불러일으키려 작정하고 가난한 사람들을 무력하고 희망 없는, 자선을 위한 대상으로 소비되도록 포장해 놓은 '술수'도 없지 않다는 걸 알기에 더 마주하기 싫은지도 모르겠다. 내가 외면한다고 그 상황이 실재하지 않거나 그런 사람들이 없어지는 건 아닌데 말이다.

오랫동안 해결되지 않는 고민이었던 걸, 넷플릭스의 시사성 스탠드업 코미디인 〈하산 미나즈쇼〉를 보다 뜻밖에 답을 얻었다. 하산 미나즈는 죄책감에 휘둘려 기부하거나, 넘치는 정보와 단체들에 피로해져 모든 이슈에서 눈을 감아 버리기보다는 이슈 하나를 정해서, 그 단 하나에 대해서만은 진정으로 이해하여 개인의 능력과 영향력에 맞는 방식으로 체계적인 변화를 돕자고 제안했다. 그 의견이 나는 마음에 꽤 들었다. 다만, 막상 부딪혀 보니 어떤 실행이든 결국 사람이 하는 일이라 어떤 이슈든 먼지 한 톨만큼이라도 유익한 도움을 주기 위해서는 '눈치'가 필요한 게 아닌가 생각이 든다.

자타공인 눈치가 부족하니 뱁새의 깜냥에서 '눈치껏' 사부작사부작하는 요즘이다. 흔히 '눈치 본다' 하면 자존심 상하는 일이라 생각하지만, 이런 눈치는 나쁘지 않은 듯해 아예 하나씩 모아볼까 싶기도 하다. 그렇게 하나둘씩 모으다 보면, 내가 어릴 때 가족에 이바지하지 못한 달걀 한 판 대신, 사회에 조금이나마 도움이 되는 '눈치 한 판'이 만들어지지 않을까 한다.

# 내 목소리, 아직 거기 있는가
### 경계인의 재잘재잘

1996년 3월, 시위하던 우리 학교 학생이 죽었다. 경찰이 토끼몰이식 과잉진압을 해서 그렇게 되었다고 했다. 학부제로 재편된 후라, 신입생들은 유치원생 마냥 OO학O반이라는 깃발 아래 병아리처럼 떼지어 '가투<sub>가두투쟁</sub>'에 따라 나가곤 했다.

"지금 XXX에서 투쟁한대. 우리도 참여해야지. 가자!"

패기 넘치는 젊은 선배들은 가슴 설레게 멋있었고, 정의와 사상을 이야기하는 이들이야말로 인생을 제대로 가치 있게 사는 지성인으로 보였다.

투쟁하러 가자는 이야기를 들을 때면, 고등학생 같은 표정으로 수업을 들어가야 해서 못 간다는 애들도 있었다. 그런가 하면 망설이는 아이들의 참여를 설득

하는 애들도 있었고, 앞에 나서지는 않아도 조용히 '사상'의 뿌리를 깊이 내려 더 적극적으로 활동하는 애들도 있었다. 나는 수업이 없는 시간에만, 그리고 떼로 몰려 나갈 때만 갔던 거 같은데 지금 생각해보면 사실은 '체험활동'이었지 싶다.

나는 처음 마주한 모든 세계가 궁금했다. 그래서 그 모든 세계를, 서로 극단에 놓여 있던 세계들까지 한끝에서 다른 끝을 전력을 다해 뛰어다녔다. 그렇게 양극단을 뛰어다님으로써 나의 균형을 잡는다고 생각했다. '행동하는 지성'에 끼고 싶어 운동권 선배들이 주최하는 학회 활동을 열심히 하고 가투에 나가는가 하면 총여학생회 활동도 했고, 과외도 하나 이상 유지했다. 들어가는 수업마다 앉기가 무섭게 병든 닭처럼 졸면서도 수업은 빼먹지 않았다. 손에는 두툼한 '벽돌 책'을 들고 등에는 배낭을 멘 채 온 캠퍼스를, 지하철을, 길거리를 하이힐을 신고 쉴 새 없이 뛰어다니며 여름 방학이 되었다.

어느 날, 티브이에 학교에 대한 뉴스가 연신 나왔다. 처음에 사용됐던 용어는 한총련 사태였는데, 후에 연세대 사태라 불리었고 혹자는 연세대 항쟁으로도 불렀던 그 일이었다. 그 당시의 사태가 어떻게 일어났고 그럴 수밖에 없었던 어떤 중대한 정치적 이유가 있었는지 나는 지금도 모르겠다. 다만 내가 아는 건, 말도 안 되는 숫자인 몇만 명 전투경찰이 학교 정문을 뜯어내어 진입하고 학교를 봉쇄해 학생들을 개 잡듯이 잡아냈다는 것, 내 고등학교 시절 단짝 친구 아이 하나도 그 안에 이틀을 갇혀 있었다는 것, 그리고 나중에 그곳을 치우러 가보니 아이들이 학교 건물을 부숴 돌더미를 쌓았다는 것. 나는 학교 건물이 폐허가 된 광경에 분노했고, 그다음으로 일상 공간에서 내 친구 같은 아이들이 주먹만 한 돌을 사람에게 던져서 '투쟁'했다는 데에 충격을 받았다.

닭이 먼저인지 달걀이 먼저인지의 문제 마냥 강경진압과 폭력농성이 오갔던 그해는 내내 어지러웠다. 같은 학회의 동기 하나는 소위 '사수대'인지 뭔지가 되어 쇠파이프를 들고 시위대 앞줄에 섰다가 사진을 찍혀 감옥을 갔다. 그즈음 과방 낙적이에서, 시위에 나가 경찰과 대치하며 서 있는데 가슴이 두근거렸다는 글을 읽었다. 평상시 진지함은 찾아보기 어렵고 맨날 '술이나 먹으러 가자'며 과방에서 기타치고 노래하는 게 딱 베짱이를 떠올리게 하던 '선배놈'의 영웅담 같은 글이었다. 가투 나갔다 돌아오는 길에 여자들 가방은 잘 안 뒤지니 네 가방에 전단 좀 넣어달라며 1학년 여자애들에게 전단을 맡기려던 다른 선배 하나가 기억났다. 정신이 번쩍 들었다. 아아, 그래, 내 짐작은 하고 있었다만, 과연 너희에게는 문화만 남았구나. 그래서 1학년 아이를 꼬여 앞잡이로 감옥에 보내 놓고 미안해할 줄조차 모르는구나. 정작 그 동기 아이는 진짜 성숙한 신념에 의한 행동을 한 것일 수도 있겠지만, 이런 크고 작은 일들이 쌓이며 나는 운동권의 멋있던 선배들을 다른 눈으로 보기 시작했다.

그 겨울, 바쁜 와중에도 심심했던 나는 총여학생회 선배의 권유를 받아 총학생회 선거에 참여해보기로 했다. NL, PD, 비운동권 총학생회 선거본부를 도장깨기 하듯 하나씩 돌며 '당신들의 정책은 무엇인가, 주장하는 바가 무엇인가'를 물었고, 유일하게 그 자리에서 제대로 된 답변을 했던 비운동권 총학생회와 함께했다. 그 후 반년간 활동하며 갖은 우여곡절 끝에 내가 속했던, 정치성향이 극명하게 다른 세 개의 단체에서 내가 실은 '경계인/주변인'이라는 걸 '들켰다'.

"저 단체의 활동을 계속 할 거면 여기서는 나가라."는 메시지를 두 군데서 듣고 마음 고생을 꽤 짠하게 한 후, 한 군데를 선택하기보다 모든 단체에서 나왔다. 그리고 수업의 일환으로 하는 작은 하루 일정의 행사를 내가 일주일 기간의 행사로 키워 총기획을 담당했다.

나는 사람들의 비판에 신경 쓰지 않고 그 행사에 내가 하고 싶은 이야기를 담았고, 내 목소리를 마음껏 냈다. 그 행사를 성공적으로 치른 후, 생각해본 적 없었던 교환학생을 갔다. 뒤늦게 준비한 탓에 다른 아이들이 선호했던 미국은 못 가고 호주로 갔다.

그렇게 간 호주 시드니, 1998년 8월 2일 일요일이었다. 하이드 파크Hyde Park에서 폴린 핸슨이라는 정치인에 반대하는 집회를 우연히 보게 됐다. 구경삼아 참가했는데 어보리지널Aboriginal 호주원주민 여인을 필두로 시작된 다섯 명의 연설이 각기 다른 방식으로 진행되어 매우 흥미로웠다. 첫 번째 여인의 연설은, 더 이상 아이들이 죽어가는 걸 보고 싶지 않고 그들과 함께 살고 싶다는, 본인의 경험을 바탕으로 한 피해자의 당당한 권리 주장과 감정에의 호소였다. 그리고 다음 연설자인 대찬 중국인 여성은 호주 사회 건설에 140년간 이바지한 동양인들을 머리색이 검고 피부가 노랗다는 이유로 추방하려고 한다며 굉장히 감정적이고 격한, 거의 분통을 터뜨리는 식의 연설을 했다. 마지막 학생대표의 연설은 힘차면서도 유머가 섞여 멋있었다.

그 시각, 새 떼가 날아오르는 하이드 파크 분수가에는 천 명도 넘는 사람들이 있었다. 아이들을 데리고 와 설명을 해주던 부모들, 개를 끌고 산책 나온 사람들, 연설에 동조해 호루라기를 불며 스케이트 보드를 타는 개구장이들, 노인회 회원들과 목발을 짚고 나온 장애인들, 유모차를 끌고 나온 젊은 엄마 등, 상상도 못하던 구성의 사람들이 눈앞에 있었다. 다양한 층, 다양한 사람들의 집회. 심각하지 않고 신나고 들뜬 분위기 속에서 연설은 끝났고 사람들은 트럭을 쫓아 하워드라는 의원의 사무실로 행진했다. 한국인 풍물패가 앞장서서 군중을 리드했다. 영어구호에 맞게 변화시킨 장단도 새로운 맛이었다. 경찰차 한 대가 앞서 길을 터주고 경찰의 보호 아래 축제하듯 행진하면서 지나가는 시민들에게 포스터를 흔들었다. 써큘러 키 Circular Quay에 도착하자 다시 또 작은 축제가 벌어졌다. 어보리지널 악기를 사십대 후반은 족히 돼 보이는 여인 대여섯 명이 모여 신나게 연주하자 구경하던 십대 소녀들이 중앙으로 춤을 추면서 들어왔고, 같은 악기를 들고 있던 남자 둘이 즉흥적으로 참여해 더욱 힘차고 신나는 음악을 만들어 냈다. 시위는 전쟁이 아닌 축제일 수도 있는 거였다.

이듬해 한국으로 돌아왔는데, 경계인으로 한번 내침을 당했던 기억은 꽤 독해서 나는 정치적 성향이 있는 단체에서는 두 번 다시 활동하지 않았다. 그리고 나의 생각을 사람들과 잘 공유하지도 않았는데, 그와 함께 '내 편이 아니면 적'이라는 투로 이야기하는 사람들의 이야기에도 자연스레 눈을 감았던 것 같다.

글을 쓰기 시작하며, 나의 목소리는 어떤 어조여야 하는지, 누구를 위한 글을 쓰고 싶은 지 모르겠다는 생각을 한다. 하지만, 이제 조금씩 내 이야기를 하는 용기를 내고 싶다.

그리고 궁금하기도 하다.
내 목소리, 아직 거기에 있는지.

# 원숭이 동산에 올라
우리, 만나요

글을 작가 플랫폼인 브런치에 올리려다 보니 엉뚱하게도 '원숭이 동산'이 생각났다. 원숭이 동산은 내가 사람들을 구경했던 장소의 별명인데, 그렇게 한 곳에서 오랜 시간 앉아 지나가는 사람들을 관찰하기 시작한 건 교환학생으로 호주에 가면서부터였지 싶다.

무거운 배낭에 하이힐을 신고 매일 뛰어다니며 바쁘게 지내다 호주로 교환학생을 가니 아는 사람도 없지, 과외를 하는 것도 아니요, 학회나 학생회 활동도 안 하고 수업만 들으니 시간이 처음으로 넉넉했다. 가서 새로 사귄 여러 국가에서 온 친구들과 구경하러 다니기도 했지만 혼자 보내는 시간도 꽤 있었다. 그래서 시작한 게 '사람 관찰'이었다. 다만, 시간 보내기도 좋고 재미도 있었지만 해보니 장소가 마땅치 않았다. 실내 카페는 오랫동안 앉아 근거리에 있는 누군가를 뚫어지게 볼 수 없는 노릇이었고, 야외에서 군중에 묻혀 관찰하는 건 어쩐지 비겁한 기분이 들었다.

그러던 어느 날, 시드니 로얄 보타니컬 가든을 산책하다 우연히 훌륭한 장소를 보게 됐다. 1810년에 죄수들이 사암sandstone을 조각해서 만들었다는 맥쿼리 체어로 가는 길목에 있는, 벽처럼 커다란 바위였다. 매끈하면서 둥그스름한 형태를 한 환한 아이보리 빛깔의 벽에 빈 동굴마냥 중간이 움푹 패 있어 성인 네댓 명이 편안하게 앉을 만한 공간이 있었다. 하지만 인공바위라 멋진 자연이 널려 있는 식물원에서 사람들이 굳이 눈길을 주는 장소는 아니었다. 얼룩층이 진 바위를 잘 디디고 올라가 앉으면 지면에서 3미터 정도의 높이가 되었다. 거기 앉으면 지나가는 사람이 잘 보였는데 지나가는 사람도 나를 잘 볼 수 있는 자리였다. 그들을 보는 동안 그들도 나를 볼 수 있다는 점에서 '정정당당한 관찰 장소'로 느껴졌다.

그 장소가 무척 마음에 들어 좋은 데가 있다며 친구들도 데려갔지만, 그 공간의 아름다움과 효용에 공감해 굳이 기어 올라가 앉고 싶어 하는 애들은 없었다.

오히려 권하기가 조심스러웠던 바바라가 선뜻 함께 올라가 줬다. 바바라는 호주에 도착해서 기숙사에 들어가기 전까지 2주간 머물렀던 임시 숙소에서 만난 친구로, 어깨높이까지 오는 은색 단발을 한, 체격이 푸근한 할머니였다. 그 바위에 앉아 도란도란 얘기해보니 시드니에서 한참 떨어진 퍼스에서 왔단다. 은퇴하며 오랜 목표였던 '시드니에서 6개월간 노래 배우기'를 하기 위해 가족의 걱정을 뒤로 하고 혼자 왔다고 했다. 잘하든 못하든 후회하지 않도록 하고 싶은 건 꼭 해봐야 한다고 한 그 말을 마음에 꼭 담았다.

그럭저럭 6개월을 호주에서 보낸 후 한국에 돌아와서는 학과 건물로 들어가는 입구 오른편에 있던, 바위로 쌓은 5미터 정도의 벽을 활용했다. 모양이 동물원의 원숭이 우리에 있는 바위 같아서, 나만 그랬는지 다른 친구들도 함께 그랬는지 '원숭이 동산'이라고 불렀다.

대학 4학년, 취업준비로 스스로가 작게 느껴졌던 어느 날, 문득 '사람 구경'이 하고 싶었다. 터벅터벅 걷다 원숭이 동산에 눈길이 갔다. 해본 적은 없지만 저기는 어떨까, 싶었다. 걸쳐 앉기 좋은 높이의 가장 아래 바위에 자리를 잡아보니 거기는 누군가가 나를 보고 아는 체를 할 거 같았다. 관찰인데 그럴 수는 없지, 하고 바위 두세 개를 기어 올라가 적당한 높이에 다시 앉았다. 드디어 드나드는 학우들도 나를 보고 나도 그들을 볼 수 있었다. 나와 눈이 마주치는 건 그들의 선택이었지만 적당한 거리라 두어 명 외에는 거기 앉아 있는 나를 못 본 척하고 지나갔다. 나는 날이 어둑해져 사람이 드문드문해지도록 마음껏 그들을 '구경'했다.

온라인 공간에 글을 올리는 건 익명의 누군가에게 나를 보이는 일 같아 망설였는데, 막상 해보니 약간의 해방감도 느껴졌다. 왜 그럴까 생각해보니, 그간의 글쓰기가 어쩌면 군중 속에 숨어서 관찰하던 것과 비슷한 느낌이 아니었나 한다. 반대로 인터넷 공간이나 책 등으로 내가 쓴 글을 '발표'하는 건 원숭이 동산에 오르는 것 같고 말이다. 말하자면, 내가 당신을 구경했으니 당신도 나를 마음껏 보라는 마음?

지나가는 당신과 지켜보는 나, 우리는 이렇게 만나게 되는지도 모르겠다.

# 나, 호구?
### 네 맘대로 하렴

아이들은 자기 말을 가장 쉽게 들어줄 사람, 이른바 '호구'를 대번에 알아보는 능력이 있다. 그래서 그런지 아이들은 나를 어른들 사이에서 쉽게 짚어낸다. 여덟 살 조카2호가 나를 엉뚱한 작전에 투입할 때 내가 '고모 아닌 꼬봉'이 되듯 즐거운 호구놀이도 있지만, 아이들과의 경험이 항상 이렇게 가볍지만은 않아 난처하고 속상할 때도 있다.

2005년 미국 유학 도중, 봄방학 때 반 친구들과 함께 페루 마추픽추를 보자고 의기투합했다. 그중 몇은 기차를 타지 않고 며칠 동안 화장실도 없는 산행 코스로 가고 싶어 했다. 나를 포함하여 듣자마자 'Oh No 오우 노우'를 외친 도전 정신 부족한(?) 몇 명은 결국 따로 안전하고 편안하게 가기로 했다. 기차로 마추픽추를 가려면 반드시 거쳐야 하는 관문도시 쿠스코에서 마추픽추가 있는 아구아스 칼리엔테로 갔다가 페루의 수도 리마를 들러 샌프란시스코로 돌아가는 여정이었다.

쿠스코에 도착하여 숙소에 가기 위해 광장으로 갔을 때였다. 저 멀리 아이들이 여기저기 흩어져 있었다. 어떤 아이는 혼자, 어떤 아이들은 떼로 관광객들의 관심을 끌려고 사람들을 쫓아다니는 듯했다. 우리가 광장 중앙으로 발걸음을 옮기는데, 아이들이 우리를 향해 일제히 뛰어오기 시작했다. 런던의 어느 공원 연못가에서 내가 던진 식빵에 수십 마리의 오리가 부채꼴 대형으로 나를 향해 날아들었던 충격적인 광경처럼 사방에서 아이들이 날아왔다. 아이들은 이내 가까워지더니 망설임 없이 나를 콕 찍어 삽시간에 빙 둘렀다. 두세 겹으로 둘러싼 후 아이들은 라마 인형, 민속의상을 입은 인형, 조각상 등을 내 눈앞에 들이밀었다. 그리고 큰 눈에 애절함을 담아 사달라며 하소연 같은 아우성을 치기 시작했다.

나는 키가 작다. 아이들의 팔길이에 물건까지 더해지자 나는 시야가 가려져 어찌할 바 모르고 가방을 움켜쥐었다. 당황해서 머릿속이 하얘졌는데 같이 간 친구들이 아이들을 밀쳐내고 나를 건져 내다시피 하여 끌어냈다. 그런데 문제가 생겼다. 그 짧은 시간에 내가 그만 민속 인형을 하나 사버린 것(!).

그 바람에 아이들은 우리가 피리 부는 사나이라도 되는 듯 광장을 벗어날 때까지 졸졸 쫓아왔고 나는 친구들에게 책망을 들어야 했다. 그날 밤, 5페소만 달라는 말인 "싱꼬, 레이디cinco, lady"를 외치며 내 앞에 얼굴을 들이미는 아이들 꿈을 꿨다. 몇몇은 과장된 서글픈 얼굴로, 몇 명은 삐진 표정으로…. 악몽이었다.

2007년인가에는 서울역에서 기차를 타러 가는데 열 살 남짓 된 남자아이 둘이 한겨울에 얇은 티셔츠 차림으로 밖에서 떨고 있었다. 바쁜 일정이 있어 그냥 지나쳤다가 마음에 영 걸려서 몇 걸음 못 가고 다시 아이들에게 돌아갔다.

"너희 왜 이렇게 춥게 있어?"

"아빠 기다리는 데 너무 배고파요."

사정은 모르지만, 이렇게 추운 데에 있게 할 수는 없다 싶어서 그럼 밥 사줄 테니 근처로 식당 하나를 골라 봐라, 가자고 했다. 순간 아이들의 눈빛이 변했다. 아이들은 서로 눈짓하더니,

"그런데 누나, 가기 전에 저기 같이 갔다가 가요."

밑도 끝도 없이 저기라니, 어디를 이야기하느냐, 나는 여기 있을 테니 다녀오라고 했다. 가리키는 방향을 보니 사람이 안 다니는 어두운 골목 같은 구석이었다. 망설이자 두 녀석이 내 소매를 붙들었다.

"아줌마, 같이 가요."

나이는 적잖이 들었지만, 결혼도 안 했던 때였다. 아줌마? 순간 화가 훅 치밀었다. 정신이 번쩍 들었다. 화가 난 지라 가벼운 마음으로 아이들의 손을 매몰차게 내쳤는데 지금도 그때를 생각하면 그 아이들의 교활한 눈빛이 떠오른다. 속이 다 들여다보이는 잔머리도.

생각해보면 사실 아이들은 교활하고 집요하다. 우리가 아이들에게 순수의 프레임을 씌워 놓아서 그렇지, 갓 태어난 아기들도 자신이 추구하는 바가 채워질 때까지 집요하지 않은가. 벼락 맞을 소리인지 모르겠으나, 신생아와 에스프레소 머신의 기능적 유사성에 혼자 웃었던 적이 있다. 예컨데 울음은 빨간 불, 뭔가 결핍되어 있다는 신호다. 가장 큰 결핍의 이유는 배가 고프거나(커피콩이나 물이 떨어졌거나) 기저귀를 갈아달라는(쓰레기를 비워야 한다는) 두 가지뿐이다. 아기들은 결핍이 채워질 때까지 집요하게 울어 대고 에스프레소 머신은 빨간 불을 깜빡거린다. 물론 에스프레소 머신과는 다르게 아이들은 성장한다. 빨간 불 신호는 언어로 진화하고, 결핍의 이유는 늘어나며, 결과적으로는 자기 결핍을 스스로 해결하는 어른으로 성장한다. 결핍을 채우는 수단으로써의 기특한(?) 잔머리는 덤이고 말이다.

수년 전 미국으로 떠나며 경제적으로 어려운 아이들을 위한 봉사를 멈췄고, 돌아와서도 코로나 등을 이유로 봉사를 다니지 않은 지 오래되었다. 이제 슬슬 다시 시작해야지 생각하다가도 아이들의 생계와 직결된 결핍을 '호구'로써 접했던 유쾌하지 못한 경험이 떠오르는 건 어쩔 수가 없다. 돌이켜 생각해봐도 입안이 씁쓸한데, 다음에 그런 상황을 맞닥뜨리면 나는 좀 더 성숙하게 대처하고 싶다. 다만, 내가 아무리 성숙한 척을 해도 나보다 한 수 위인 아이들이 그렇게 받아줄지는 잘 모르겠다.

지난 구정에 만두를 빚으며 언니가 어른들에게 존댓말을 공손하게 잘 쓰는 조카2호에게 물었다.
"너 근데 왜 작은 고모한테는 반말해?"
조카는 건너편의 나를 한번 곁눈질로 쓱 보더니 무심하게 툭 대답했다.
**"친구예요."**

# 내 친구라고 말해봐
바보가 사는 법

매일 아침 동네방네 '컹컹', 담벼락을 넘어 신문이 털썩 날아와 앉던 시절이 있었다. 그 때 신문은 국한문혼용체라서 아무리 손에 잡히는 대로 읽어치우는 책벌레라도 한자 까막눈이면 읽지 못했다. 그게 꽤나 답답했던지 어린 나는 한글 전용 표기로 바뀐 신문을 한껏 반가워했다. 그후 각종 교과서 등 모든 문서가 한글 전용으로 표기되며 자연스레 한자를 많이 못 접하고 자랐는데, 막상 다양한 경쟁력을 갖춰야 하는 직장인이 되니 그게 되레 아쉬웠다. 특히, 두 달간 베이징 어학연수 가서는 차라리 국한문혼용이 유지되었더라면 내가 이렇게까지 고생은 안 할 텐데, 마음에도 없으면서 괜히 툴툴댔다. 그럴 수밖에 없었던 게, 당시 베이징은 올림픽 준비가 한창으로 인프라 개선 공사며, 티셔츠를 돌돌 말아 배를 훌렁 드러내는 '베이징 비키니' 같은 문화도 개선하려는 등의 노력 중이었지만, 망망대해에서 시작된 파도 마냥 변화의 물결이 균일하게 닿지는 못해 여기저기 환경적 편차가 컸다. 영어가 전혀 사용되지 않는 환경이 대부분이었다. 궁금증에 여기저기 다니고는 싶으니 초반에는 한자까지 외우겠다 작정했지만, 금세 꾀가 났다. 회화에만 집중하기로 목표를 바꿔 숙소 아파트의 조선족 부동산 직원을 과외 선생님으로 청했다. 그렇게 회화 연습을 늘리며 일상에서도 스스로 중국어를 시험하겠다고 마음먹었다. 그중 택한 방법 하나가 '복숭아 흥정'이었다.

학교에서 집으로 가는 길에 복숭아를 산처럼 쌓아놓고 파는 노점상 여인이 있었다. 행인마다 놓치지 않고 눈빛으로 호객했는데, 어학원 첫 주에 바로 꾀임을 당했다. 탐스러운 복숭아 몇 개를 골라놓고는 알아서 돈을 가져가라는 마음과 몸짓으로 지폐 몇 장을 펼쳐 보여줬던 듯하다. 여인은 선한 얼굴로 재빠르게 복숭아를 검은 비닐봉지에 담았고, 돈을 알아서 가져갔다. 그날 산 복숭아가 참으로 사각사각 맛이 좋더라고 하니, 과외 선생님 왈, 내가 바가지 썼단다. 그것도 많이(!).

한국에 비할 수 없는 물가였다. 복숭아 몇 개로 크게 속았다고 해봤자 얼마나 되었겠냐마는 속은 걸 알고 나니 약이 올랐다. 넉넉하게 인심 베푼 듯 웃던 걸 두고 '내 당신을 잣대 삼아 나의 중국어 실력을 측정하리라' 오기마저 생겼다. 개당 가격을 낮춰가면 되니, 지표도 명확하지 않은가. 그 후, 한주 한주 지나며, 눈에 띄는 성과들이 있었다. 물론, 순전히 중국어 실력이 늘어서 만이라기보다는, 관심 없다는 표정으로 먼저 가격을 묻는다거나, 너무 비싸다, 다른 데는 이거보다 싸다 등의 투정을 부린다거나, 10위안으로 전체 가격을 고정하고 몇 개를 주겠느냐로 질문 바꾸는 식으로 '흥정 전술'이 발전한 탓도 있었을 테다. 어찌 되었든, 개당 복숭아 가격은 과외 선생님이 알려준 가격에 근접해갔다. 반면에 나는 거기까지 가는데 드는 실랑이에 슬슬 지쳐갔다.

그러던 어느 날, '흥정 시험'을 치르러 복숭아 매대에 가니 앞에 마흔쯤 되어 보이는 중국인 여자가 있었다. 내 차례를 기다려야 하기도 했지만, 현지 중국인의 흥정도 구경할 겸 두어 발짝 뒤에서 그들의 대화를 들었다. 짧은 중국어 실력 탓에 내용이야 거의 알아듣지 못했지만, 나와의 흥정과는 격이 다른 드센 공방이 오가는 건 알 수 있었다. 이내 복숭아 여인이 본 적 없는 거

친 손길로 복숭아를 검은 봉지에 두둑이 담아 꽁꽁 묶었다. 볼멘 큰소리로 여자에게 봉지를 내밀며 15위안을 달라고 했는데, 중국인 여자가 쏘아붙이며 봉지를 팽개치곤 그대로 가버리는 게 아닌가(!). 느닷없이 떠나는 여자의 뒤통수에 대고 마지막 한소리를 마친 복숭아 여인이 나를 바라봤다. 내 차례였다.

오늘은 어떻게 흥정을 시작할까, 다가가는데 번뜩, 저 검은 봉지를 내가 15위안에 가져가면 되겠구나, 생각이 스쳤다. 사실 그렇지 않은가. 그 봉지는 내가 범접 못할 수준의 흥정을 통해 가격이 정해진 결과물인데다 전체 과정을 지켜본 걸 알고 있으니 말을 바꾸지도 못할 것이요, 이왕에 포장해 둔 걸 넘기는 거니 이보다 더 '누이 좋고 매부 좋고'한 흥정이 어디 있겠는가 말이다. 내 의사를 전하니 복숭아 여인은 못마땅한 표정으로 고개를 끄덕였다. 한 톨 실랑이 없이 이룬 쾌거에 신이 나서 지갑을 열었는데, 아뿔싸, 20위안 지폐뿐이었다. 순간 망설였지만 거슬러 주겠거니 믿고 20위안을 건넸다. 그런데 웬걸, 여인의 눈빛이 싸악 변하며 휘이, 손짓으로 나더러 그만 가란다. 배신감에 거스름돈을 요구했으나 여인은 꿈쩍 안 했다. 강 대 강, 나도 눈을 부릅떴다. 물러날 기세를 안 보이니 복숭아 여인이 급기야 리어카 손잡이를 잡아끌어 발걸음을 옮기기 시작했다!

태연하게 내 눈앞을 지나 멀어지는 여인을 기가 막혀 바라보고 있자니 정의감인지 분노인지 모를 감정이 일었다. 이건 상도商道가 아니지! 하고픈 말은 많아도 어휘가 달려 그저 여인을 따라만 갔는데 뒤쫓는 나를 본 여인의 발걸음이 빨라졌다. 나의 덩달아 총총걸음에 이래도 따라오겠냐는 듯 여인의 리어카가 차도로 내려갔다. 그러더니 뛴다(!). 그 광경에 몇 주간 자잘하게 쌓였던 '말 못하는 이방인'의 설움이 그만 폭발했다. 차도를 달리는 리어카 뒤를 따라 뛰며 내 단출한 머릿속 중국어사전을 바삐 뒤졌다. 속으로는 '거기 서!'를, 입으로는 "조금만 기다려 주세요오!"를 외치며 그렇게 100미터 정도를 갔을까? 리어카 속도가 줄더니 인도 옆에 섰다. '네가 어쩔 건데?'라는 듯 여인은 당당했다. 그 모습에 눈물마저 핑 돌 지경으로 화가 나는데, 할 줄 아는 말이 고작 '5위안 줘'라는 게 비참하기 그지없었다.

궁여지책으로 과외선생님에게 전화해 도움을 청했다. 상대가 중국어를 못한다고 부당한 이익을 취하는 건 나쁜 짓이니 상호 합의한 가격을 받고 거스름돈을 주라고 복숭아 여인에게 얘기해달라고 부탁했다. 성정이 착한 과외선생님은 잠시 난처해했지만, 오죽 속상했으면, 싶었는지 알겠다고 했다. 호기심 어린 표정으로 내 다음 행동을 기다리던 여인에게 의기양양하게 "당신, 내 친구랑 얘기하라"고 말하며 핸드폰을 내밀었다. 그런데 웬걸? 여인이 피식 웃는 거다. 내 발음이 부족해서 못 알아듣나 싶어 여인과 눈을 맞추며 또박또박, "당신, 내 친구랑 얘기해"를 두어 번 더 반복했다. 어라, 이번에는 웃으며 손짓한다? 어찌 된 영문인지 여인은 홀가분한 표정이 되어 환하게 웃었다. 리어카를 다시 밀더니 가다 말고 뒤돌아 손마저 흔들었다. 나는 그만 당황했다. 어찌 된 일인지 모르겠다고 핸드폰 너머 대기 중인 과외선생님에게 상황을 설명하니, 과외선생님이 깔깔 웃겨 죽는다. 알고 보니 이런…, 내 친구'랑'이 아니고 내 친구'라고' 말해보라고 했단다, 내가. 내 친구라고 말해봐, 라고…. 내 '친구'라니 무슨…, '내 친구'라니!

복숭아 봉지를 들고 터덜터덜 집에 가며 방금 일을 되짚어 봤다. 내가 나이 서른에 500원을 두고 베이징 도심에서 활극을 펼쳤구나…, 하지만 금액의 크고 작음을 떠나 원칙과 도리가 있는데…, 얼마였으면 할만했다 싶을지, 등 여러모로 헷갈렸다. 어이없고 착잡한 생각의 종착점은 여인이었다. 환한 얼굴로 바이바이 떠나간 여인이 천번 만번 생각해도 정말 '분하게' 웃긴 거다. 혼자 큭큭 여러 번 웃었다.

어쩌면 잘못인 줄 뻔히 알면서도 고달픈 생활에 5위안을 꽁꽁 챙기고팠던 여인은 나에게 받은 뜻밖의 용서와 화해가 기뻤던 건지도 모른다. 그 후로도 복숭아 여인을 떠올릴 만한 쪼그마한 일은 물론 큰일들도 맞을 때가 있는데, 이제는 과외선생님 대신 하나님께 고자질한다. 그래 놓고도 속이 계속 볶이면 속으로 읊조려본다.

**내 친구라고 말해봐, 라고.**

# 진짜로 부산에서 서울까지 걸었을까?

### 변신해서 변심해요

    보성의 율포해수욕장에서 묵었던 간판 없는 민박집에서는 오천 원을 받고 국과 몇 가지 반찬이 딸린 깔끔한 집밥을 내왔다. 맛있게 먹는 나를 지켜보던 아주머니는 뜬금없이 내일 서울에 간 동네 대학생들이 모두 돌아오니 소개해 주겠단다. '이건 무슨 말인지?' 했는데, 설명인즉슨, 율포해수욕장은 피크 시즌이 되면 다른 도시로 나간 대학생들이 모두 돌아와 일손을 돕는단다. 나 혼자 심심할 텐데 젊은 사람들끼리 놀면 좋지 않겠느냐기에 혼자 있고 싶어 여행 온 거라 괜찮다고 사양했다.

다음 날 율포해수욕장에 느즈막이 나가니 이미 장사를 시작한 아주머니가 오라고 손짓했다. 그때야 눈에 들어왔는데, 아주머니 뒤편으로 평상과 가건물 같은 가게가 있었다.

"삼촌-! 삼촌-!"

아주머니가 부르는 소리에 가게 안에서 선글라스를 낀 민소매 차림의 남자가 나왔다. 구릿빛 탄탄한 팔을 가진 그는 친절하고 단단한 목소리로 말했다.

"아, 이 친구군요. 나는 용가리야, 용가리 아저씨라고 불러요."

분명 혼자 있겠다고 했건만 아주머니가 이랑곳히지 않고 사람들에게 내 얘길 한 게 분명했다. 아저씨 뒤로 얄브스름한 하얀 팔을 한 이십 대 청년들이 줄줄이 나왔다. 손에는 구명조끼며 밧줄 등이 들려 있었다. 용가리 아저씨는 내일부터의 장사를 준비할 건데 심심하면 옆에서 구경해도 좋단다. 모래사장에 바나나 보트도 보이는 게 호기심이 생겨 고개를 끄덕이고는 졸래졸래 따라갔다. 가만 보니 용가리 아서씨가 한 철 장사를 위해 모인 청년팀의 대장이었다.

방해가 되는 건 아닐까 생각한 건 잠시뿐, 나는 곧, "이건 뭐에요? 저거는요? 그건 왜 그렇게 하는 거예요?" 이 사람 저 사람에게 물었고, 청년들은 곧 나를 '누나'라고 부르며 농담도 하기 시작했다. 부모님을 도와 온동네 청년들이 모여 함께 여름 장사를 준비하는 게 참 건강해 보였고, 그런 아르바이트가 있다는 게 신기했다. 준비를 마친 청년들은 모터보트와 제트 스키에 시동을 걸었다. 내가 귀찮지도 않았는지, 내게 말했다.

"누나, 이거 타볼래요? 태워줄게, 타요."

아니라며 손사래를 쳤지만 여러 명이 권하기에 그럼 미안하니 값을 치르고 타겠다고 했다. 용가리 아저씨는 무슨 소리냐며, 어차피 내일 장사 전에 테스트하는 거니 그냥 타란다. 모터보트를 시작으로 그날 나는 갖은 수상 액티비티의 시험 운전에 참여했고, 바나나 보트도 원 없이 탔다. 빠른 거, 추운 거를 질색하는데, 그때 그건 어찌 그리 즐거웠는지 지금 생각하면 의아하다.

물에 쫄딱 젖었다 마르기를 여러 번 한 후, 해변에서의 하루 마무리는 맥주 파티였다. 무슨 얘길 나눴는지는 기억이 없지만 안타깝지는 않다. 그저 좋았고 많이 웃었다는 기억뿐이라 더 좋은 추억으로 남았는지도 모르니까. 서울에 오면 한번 만나자며, 우리는 전화번호를 주고받았다.

다음 날 아침, 3박 4일간의 여행을 마치고 일상으로

돌아갔다. 시간이 프로젝트 단위로 흐르는 지루하게 바쁜 몇 달이 지나고, 퇴근길 지하철 안에 있는데 전화가 왔다. 용가리 아저씨였다.

정장을 입고 화장을 한 후 마지막에 진중한 직장용 향수를 뿌리는 건 나에게는 일종의 의식이었다. 군복을 갖춰입고 전투화장으로 마무리하듯, 각 단계를 거치며 나는 옷차림에 맞는 마음가짐이 되기 때문에 직장에서의 나는 여행지에서의 나와는 사뭇 달랐다. 그런데 갑자기 불쑥, 무장 해제된 상태로 다녔던 여행이 일상으로 들어온 것 아닌가. 반가움보다는 당황스러운 마음이 앞섰다. 아저씨는 내 기억보다 더 우렁찬 목소리로 부산에서 서울까지 걷기로 했다며, 서울에서 보자고 했다. 그때 나는 용가리 아저씨의 말을 꽤 뜨악하게 받았지 싶다. 아저씨가 무안해하며 전화를 끊었으니까. 전화를 끊고 나서 한동안 그에게 미안했다. 긴 도보 여행 끝에 온 사람과 그저 차 한번 마시고, 밥 한번 먹었으면 나는 부산에서 서울까지 걸은 사람을 알게 됐을 텐데, 뭐 그렇게 당황한 티를 냈는지….

그래서 말인데, 용가리 아저씨는 진짜로 부산에서 서울까지 걸었을까?

# 꿈을 작게
야망 없어요

지난 봄, 점심시간을 활용해 청계천을 걸었다. 분수가 있는 청계광장은 복구된 청계천의 시작점으로 계단을 따라 내려가면 인공 폭포가 있다. 2단으로 물이 쏟아지는 끝, 야트막한 수면은 맑아서 속이 훤히 비치는데 손가락만 한 물고기들이 삼삼오오 모여 있었다. 움직이지 않길래 신기해서 들여다보니, 헤엄을 치고 있었다. 사실은 열심히 헤엄치고 있는데 폭포 쪽으로 향하고 있다 보니 힘에 부쳐 앞으로 나아가지 못하였던 것.

우습고 안타까운 그 꼴을 뒤로 하고 걷는데, 아래쪽으로 걸어갈수록 자꾸 물고기들 생각이 났다. 여기는 나무도 풀도 있고, 심지어 물속에는 해초와 이끼가 잔뜩 있어 먹을 것도 많고 숨을 곳도 많은데, 도대체 왜

저기에서? 저 크고 멋진 폭포를 타고 올라가면 뭐가 있다고 생각하니?

물고기들이 말만 알아들을 수 있다면 다시 가서 더 쉽고 좋은 삶이 이쪽에 있다고 알려주고 싶었다. 너희들이 해야 하는 건 딱 하나, 그저 뒤돌아 물이 흐르는 방향으로 헤엄치기만 하면 된다고.

사회생활을 본격적으로 시작했던 컨설팅 회사는 밖에서 보기에는 화려한 직장이었고, 뭔가 풀기 어려운 문제에 대한 해답을 찾아주는 보람된 일이었다. 정작 해보니 실제로는 누군가의 머릿속에 이미 '정답'이 있는 듯 했다. 결국 내가 하는 일은 그 정답을 뒷받침하는 합리적인 근거를 만드는 일이었는데, 정해져 있는 프로젝트의 속도에 따라 팀과 함께 페달을 멈추지 않고 밟아야 했다. 잠자는 시간 외에는 주말도 없이 회사에서 일만 하며 3년 정도가 지나자 처음에는 바쁜 나에게 시간을 맞추던 친구들이 약속을 먼저 잡고 나에게는 올 수 있으면 오라는 지경이 됐다. 그러던 중, 영국에서 1주일 교육을 받게 되었다. 돌아오기 전에 간신히 하루 휴가를 내 테이트 미술관에 갔다. 마음은 바쁘고 몸은 피곤에 절었지만, 전시 관람을 꾸역꾸역하다 다리가 아파 거대한 그림을 앞에 두고 벤치에 앉았다. 멍하니 바라보는데, 내가 주먹을 꼭 쥐고 있는 걸 깨달았다. 그 순간, 질문 하나가 작은 씨앗이 되어 마음에 콕 박혔다.

'이게 뭐라고 놓지를 못하니?'

어떤 생각은 시간을 두고 여물어 큰 결정을 할 때의 기준을 제시하는 핵심 질문이 되는데, 이 질문이 그랬다. 몇 개월 뒤, '5년 뒤에도 이렇게 살고 싶은가?'라는 구체적으로 발전한 질문을 곱씹다 그렇지 않다고 결론지었다. 추진력에 발동을 걸어 휘리릭 준비해서 유학길에 올랐다.

내가 유학을, 그것도 경영대학원 석사과정을 간다니 밖에서는 나를 야망이 있는 사람이라고 생각했지만, 사실은 회사를 그만둘 때 관계와 체면을 지키며 퇴장할 수 있는 '우아한 탈출구 graceful way out'였을 뿐이었다. 그럼에도 유학을 기점으로 나는 뭔가 큰 포부를 가진 척할 수도 있는 사람이 되었다. 학교에 지원하기 위한 에세이를 쓰고 면접을 준비하면서 자신을 '야망에 불타는 사람'으로 포장하고 기억을 재구성하는 과정을 통해 그리되었지 싶다.

그렇게 간 대학원에는 필수교양과목으로 '리더십과 커뮤니케이션' 수업이 있었다. 깡마른 백발의 교수님은 연극배우 같이 과장된 표정으로 "나에게는 꿈이 있습니다.I have a dream."로 시작하는 마틴 루터 킹 목사의 연설을 재현하셨다. 고등학교 시절 여기저기서 자주 보던 '소년이여, 야망을 품어라!Boys be ambitious!'를 떠올리게도 했는데, 수업을 듣다 보면 꿈에 부풀어 가슴이 두근거렸다. 4년 반 동안 탄광촌 갱도 마냥 팔수록 좁혀졌던 길에서 벗어나 다시 활짝 열린 평야로 나온 기분이었다. 대기업 외에도 세상에는 좋은 중소기업이 많으며, 심지어는 창업을 할 수도, 자영업자가 되는 것도 나의 선택지라는 걸 깨달았다. 한 기업에서의 삶이 막다른 골목이 아니며 얼마든지 다음 선택을 할 수 있다는 배움은 닥치는 상황들에 대한 두려움을 줄여주고 마음의 여유를 갖게 했다.

졸업한 지 15년도 넘는 지금 나의 카카오톡 배경 음악은 「꿈을 작게 가져라 Dream Small」라는 제목의 CCM Contemporary Christian Music 현대 기독교 음악이다.

큰 꿈을 꾸는 게 잘못된 게 아니지만, 그걸 추구하는 길에 소중한 순간들을 놓치지 말라, 예를 들어 경제적 이득을 뒤로하고 가족과 함께 시간을 보내기, 길 건너 소외된 이를 방문하기, '불금'에 특별한 도움이 필요한(장애가 있는) 친구Friends with special needs와 춤을 추기

등, 이런 작은 일들이 세상을 바꾼다는 내용이다.

여전히 밖에서는 나를 야망에 찬 사람으로 보지만, 지난 4년은 의식적으로 작은 꿈을 위해 사는 시간이었다. 가족의 안녕, 생일, 건강, 기쁨을 위해 살았고, 회사에서도 동료의 성장에 초점을 맞춰 살았다. 그럼에도 여전히 가끔 나를 꼬드기는 달콤한 전화를 받으면 또다시 주먹을 불끈 쥐고 '나에게는 꿈이 있습니다. I have a dream.'를 외치는 모습이 상상되어 가슴이 잠깐 설렌다. 그래도 다행히 머리가 냉정을 유지해 주어 "이제는 한국이 좋습니다. 그건 제가 하고 싶은 일이 아닙니다."라고 이야기한다. 그래 놓고는 아무도 나를 찾지 않는 엉뚱한 분야에서 상상의 나래를 펼치며 안 가본 폭포를 향해 나아가지 못하는 헤엄을 친다.

이제 그만하고 뒤로 돌면 더 쉽고 좋은 삶이 있는 걸 아는데, 그 마음이 안 접히니 내가 그날 본 물고기 중 하나는 아무래도 나였나 보다. 그 바보 물고기들은 어쩌면 타고 싶은 물결을 기다리며 근육을 만들고 있었는지도 모르겠다. 그 물고기들이 마침내 타고 싶은 물결을 만나기를, 그리고 뒤로 돌았을 때, 그간 쌓은 힘으로 빠르고 시원하게 앞으로 나아가길 바란다.

# 우주선과 갤리선
### 도비는 자유예요

"뭐? 짐을 부쳤다고?"
"세상에, 짐을 부쳤대!"

2016년, 스위스 취리히 공항, 긴 비행 후 체크인한 짐 가방을 찾았다. 회사에서 준비한 교통편을 기다리는 곳으로 가니 먼저 도착한 팀 동료들이 있었다. 짐가방을 찾느라 늦었다는 나의 변명에 백발의 동료들은 '입틀막(입을 틀어막고)'까지 시전하며 한참 어린 나를 놀렸다. 글로벌 파트너십을 주관하기 때문에 출장을 밥 먹듯 다니는 팀이었다. 짐이 도착하지 않아 당혹스러웠던 경험은 누구나 한두 번쯤은 있어서 워크샵 장소로 이동하는 내내 무용담이 끊이지 않았다.

업계를 불문하고 글로벌 기업의 한국 지사는 유통과 판매를 목적으로 한 직군들만 있는 경우가 많다. 내가 다녔던 기업도 마찬가지여서 상대 회사가 한국 기업이라도 신약을 대상으로 한 파트너십을 진행하는 건 글로벌 팀 소속이 되어야 가능했다. 처음에는 아시아 태평양 팀과 같은 리전Region팀의 업무인가 했는데, 그것도 아니었다. 상황이 그러니 내가 제안한 프로젝트조차 어떻게 돌아가는지 볼 수 없었고, 나는 항시 궁금했다. 어떻게든 한국 지사 너머의 의사결정 과정을 보고 싶어서 업무요청을 받으면 그 범위 이상 손을 보태겠다고 자원했다. 해외 팀의 시간에 맞추느라 발생하는 야근과 조근을 마다하지 않기를 몇 해, 차차 한국 소속으로 리전 업무까지 하다, 최종적으로는 글로벌 본사의 사업개발팀 임원이 되었다. 한국 지사에서 전 세계를 상대로 연구개발 중인 신약을 찾아 파트너십을 맺는 팀에 합류한 건 전례가 없던 일이었다. 입사 10여년 만에 이룬 쾌거였다.

몇 년을 달나라 가는 우주선 보듯 꿈만 꿨던 팀에 합류해 그들과 생활을 함께하며 다양한 경험을 했다. 물질적으로 호사스럽게 생각되는 시간도 있었고, 회사와 팀의 명성으로 인해 내가 자기보다 많이 알 거라 착각하는 파트너사의 무조건적인 신뢰도 받았다. 인문학도 출신인 내 밑천을 파악하고 얕잡아 본 사람도 있었지만, 오히려 도움이 될만한 자료를 챙겨주던 감사한 분들도 있었다. 여러모로 풍성한 시간이었음에도 나는 내내 불편했다. 왜 그런지 자꾸 대학원 시절의 실내 암벽등반 경험이 떠올랐다.

몸이 가벼웠던 때라 그랬는지, 대학원 시절에 해본 실내 암벽등반은 생각보다 어렵지 않았다. 떨어지면 어떡하나, 걱정도 다음 손발 둘 곳을 찾는데 몰입하면 쉽게 잊을 수 있었다. 목표인 정상을 향해 한발 한발 집중하다 보면 어느새 원했던 지점이었다. 거길 손바닥으로 '탁' 치고 곧바로 내려오는데, 치는 순간은 짜릿했고 내려오는 건 속이 시원했다.

오랜 꿈이었던 직업을 쟁취한 그 시점에 실내 암벽등반 생각이 왜 자꾸 났을까를 지금 생각해보면, 그게 내가 목표지점을 '탁' 친 순간이었기 때문이지 싶다. 다만, 기업의 사다리는 목표지점을 '탁' 친다고 끝나는 게 아니었다. 목표지점을 다시 시작점으로 삼아 더 큰 우주선을 찾아서 다시 또 올라가야 했다. 그게 당연했고 나도 그렇다고 믿었다.

그 생각이 깨진 건, 언제인지 어디인지 기억도 나지 않는 수많은 출장 중 하나에서였다. 아침 일찍부터 워크샵같은 회의를 하고 방에 돌아와서도 시간을 쪼개 이메일을 보내는 등 일을 해야 했다. 출장 3일째쯤 되었던 때이나, 이메일을 보내던 중 문득 커튼이 답답했다. 두꺼운 암막 커튼을 걷으니 있는 줄도 몰랐던 정원이 나왔다. 청명한 새소리까지 들리는 정원에는 초록이 무성했다. 그 광경을 보는데 기분전환이 되는 게 아니라 되레 우울해졌다. 이게 뭐 하는 짓이람, 생각하며 다시 자리로 돌아와 노트북 앞에 앉으며 갑자기 깨달았다. 내가 있는 곳이 우주선이 아니라 5성급일 뿐, 여전히 노예가 젓는 노의 동력으로 가는 갤리선이라는 걸. '아차' 했던 순간이었다.

직장생활을 시작하고 나서 '당신은 그 자리에 어떻게 갔느냐'는 질문을 이런저런 사람에게서 가끔 받았다. 선망의 자리를 두고 한 질문에 상황이 다른 내가 했던 걸 알려주는 게 도움이 될 것도 아닐 테고, 겸손의 대답을 바라는 것도 아닐 것 같아 나는 매번 선뜻 대답하지 못했다. 그런데 '아차의 순간'을 겪은 후에는 머뭇거리는 정도가 아니라 그 질문을 받으면 진짜로 몹시 당황했다. 묻는 이에게는 물론, 객관적으로 모든 면면이 우주선인데, 그게 나에게는 5성급 갤리선이면 그 간극을 어떻게 메우겠는가 말이다. 마음에는 몇 가닥의 소리가 들렸지 싶다. 우주선에 탄 걸 좀 자랑스러워하라고 구박하는 소리, 그렇게 안 느껴져도 남들이 그리 보니 그냥 우주선에 탄 척하라 꼬드기는 소리, 더 올라가면 진짜 우주선에 탈 수 있다고 부추기는 소리 등이었다.

지금 생각해보면 나는 내가 누구인지, 어떤 사람이 되고 싶은지를 몰랐던 성싶다. 하지만 이제는 예전처럼 '어려서 멍청했구나' 자학하지는 않는다.
**타인의 기대와 시선에서 벗어나 스스로에 대한 '효능감'을 갖는 게 쉬운 일은 아니니까.**
그래서 늦게나마 대답해 본다. 우주선에 타기 위해 내가 했던 건, 경쟁력을 높이는 노력과 거절당해도 계속 손을 드는 용기를 낸 수많은 시간을 쌓고 또 쌓은 거였다고. 오랜 시간을 그리할 수 있었던 건 어린 시절부터 한결같았던 나의 '재능' 때문인데, 그 재능은 다름 아닌 호기심이라고. 우주선으로 보이는 것들이 진짜 우주선인지 5성급 갤리선인지는 사람마다 다를 터이니 그게 당신이 원하는 거라면, 부디 타게 되길 바란다고. 그런 당신을 진심으로 응원한다고.

# 미안합니다
악연은 아니었길

얼마 전, 첫 직장에서 클라이언트로 만났던 분과 20년 만에 점심을 했다. 약속 장소로 가는데 그분은 어떻게 변했을까 궁금했다. 한편으로는 이십 대 후반의 나를 기억할 텐데, 지금의 내가 어떻게 보일까 긴장도 됐다. 예약한 레스토랑에 들어서니 반가운 얼굴이 보였다. 근사한 회색빛이 내려앉은 머리와 날카로운 눈빛을 덮은 웃음 주름으로 그분은 부드럽고 장난꾸러기 같은 인상이 되어 있었다. 어떻게 지냈는지, 자녀 이야기, 회사 이야기를 한 후, 자연스럽게 옛이야기로 넘어갔다. 그분과 일했던 프로젝트는 하루 열여섯 시간, 주말도 없이 일할 정도로 업무 강도가 높았는데, 내가 기억 못하는 일까지 세세하게 담고 계셔서 깜짝 놀랐다.

당시 나는 동료들에게조차 얘기 안했지만, 통근 시간마저 아까워서 클라이언트사 5분 거리의 고시원을 구해 거기서 다녔다. 지금 생각하면 왜 그렇게까지 열심히 일했을까 싶지만, 그때는 그랬다. 좋게 포장하자면 열정이 넘쳤고, 솔직히는 미련했다.

프로젝트에 투입되면 통상 클라이언트 인터뷰를 통해 내부 상황과 프로세스, 시스템 등을 파악하는 일을 가장 먼저 했다. 인터뷰를 마치고 자료를 모아 가설과 접근 방법을 정해 분석하고 결과물을 만들던 어느 토요일이었다. ㄱ분에게 뭔가 더 확인해야 할 사항이 생겼다. 주말이었지만 망설임 없이 전화해 '중요한 일'이니 잠시만 나와 주십사 청했다. 뜻밖에도 사랑니를 뽑으러 간다는 대답이 돌아왔다. 사랑니를 뽑아 본 경험이 없던 때였다. 태연하게 그러면 발치 한 후 나와 달라고 요청드렸다.

열심히 일하고 있으니 몇 시간 후, 양쪽(!)에 솜을 물어 다람쥐 볼을 한 그분이 사무실 문을 열고 들어왔다. 사랑니를 뽑는다 하여 그런가 보다 했지, 아니, 한 번에 두 개를 뽑고 올 줄은 몰랐다! 당황했지만 이미 오시기도 했고 나는 업무 진도를 나가야 하니 어쩔 수 없이 하려던 일을 했다. 그날 그분은 나에게 두 시간 동안 지혈이 덜 된 상태에서 성실하게 취조(?)당했다. 티는 안 냈지만, 그날은 마음이 켕기는 기억으로 남아 가끔 나를 괴롭혔기에 다시 만난 날, 20년이나 늦었지만 죄송하다고 사과드렸다. 컨디션이 많이 안 좋으셨을 텐데 왜 무리해서까지 나와 주셨느냐 물으니 내가 굉장히 인상 깊었다고, '일은 저렇게 하는 거구나' 감탄하셨단다. 그리고 무엇보다도, 그날 사랑니를 두 개나 뽑을 계획은 아니었단다. 치과의사인 친형이 그냥 한 번에 뽑아버리라기에 별 생각없이 그렇게 하곤 그날 정말 많이 힘들었다는, 엉뚱했던 상황 전개를 듣고는 한참을 웃었다.

그 사건은 다행히 마음 넓은 그분이 뒤늦게나마 사과할 수 있는 기회를 주신 덕분에 좋은 추억으로 마무리되었지만, 컨설팅 시절의 나는 '마녀'였다. 클라이언트와 회사가 한 약속을 지켜주는 게 세상에서 가장 중요한 일이라, 나와 남의 건강을 희생해서라도 일은 완수해야 했다. 6개월에 한 번꼴로 한약을 지어 먹으며 '나는 약으로 가는 기차'라고 농담했고, 잔기침을 한 달 내내 하다 한밤중 퇴근길에 들른 응급실에서 갈비뼈에 실금이 간 걸 발견한 적도 있었다. 미련한 건데 그런 줄을 모르고 내가 그렇게 사니 남도 그렇게 '프로답게' 살길 바랐다. 의사가 오늘은 하루 쉬라고 했다는 협력업체의 미국인 매니저에게 '깜찍한 소리' 말고 당장 출근하라고 하고, 자기 일에 열과 성을 다하지 않는 사람은 누구든 참지 못해 레스토랑에 가서도 지적질하기 일쑤였다.

그랬던 내가 변한 건, 수화기 너머로 내 몇 단계 위의 직급(파트너)이었던 상사의 울먹임을 들으면서였다. 홍콩에 파견되어 프로젝트 할 때였는데, 컨퍼런스 콜 도중에 맹랑하게도 파트너에게 당신이 프로젝트 관리를 어떻게 잘못하고 있는지 조곤조곤 짚었다. '혈혈단신' 파견 나가 있는 나를 들여다봐 주지 않는 그녀에 대해 서운함을 내 딴에는 작심하고 '프로답게' 정리하여 전달하고자 했다. 그녀는 자기가 얼마나 일이 많은 줄 아느냐며 이 늦은 시간까지 일하느라 남편이 아까 가져다준 저녁도 못 먹었다면서 갑작스러운 울먹임과 함께 황급히 전화를 끊었다. 그녀 같은 프로가 나의 말로 인해 상처받았다는 사실에 나는 적잖이 충격받았다. 그리고 그간 잊고 지냈던, 이라크 시절 옆집 살던 동갑내기 친구의 눈동자가 떠올랐다.

초등학교 1학년, 여름방학인지 겨울방학인지는 항상 더웠기 때문에 기억에 없지만, 방학이었다. 책을 읽고 있는데 벨이 울렸고, 엄마가 나갔다 들어왔다. 어떤 아이가 나를 찾는다고 하셨다. 나가니 대문 앞에 올리비아가 서 있었다. 뛰노는 다른 아이들을 가리키며 나더러 같이 놀자고 했는데 말이 채 끝나기도 전에 내가 대답했다.

"싫어, 나 책 읽을 거야."

그 말을 하며 커다란 회색 대문을 닫았다. 초대의 말을 미처 마무리 하지 못한 올리비아는 입을 살짝 벌리고 있었고, 닫히는 문틈 사이로 그 아이의 초록색 눈이 점점 커졌던 듯하다. 벨 소리에서부터 눈동자까지 이어지는 그날의 기억은 영화의 한 장면처럼 통째로 마음에 맺혔다. 나의 직설적인 의사 표현으로 상대방이 상처받을 수 있다는 걸 어렴풋이 깨달았던 게 아닌가 한다.

그 후 사십 대 파트너의 울먹임과 일곱 살 올리비아의 점점 커지던 회색 섞인 초록 눈은 내가 누군가에게 '프라운' 모진 말을 준비할라치면 머릿속에 경고등처럼 떠오르곤 했다. 그럴 때면 '중요한 일'이라도 상대방은 어떤 상황인지 잠시라도 살펴야 한다, 할 얘기가 있더라도 상처받지 않도록 잘 전달해야 한다, 일만 보는 게 아니고 그걸 실행하는 사람들의 상황을 읽고 마음을 헤아려야 한다고 되뇌었다.

그렇게 의식적으로 '일 너머의 사람'을 보려고 노력하니 나름 익숙해져 상황과 마음은 어렵지 않게 볼 수 있게 되었는데, 나이가 들어가며 내 마음은 더 힘들어졌다. 성과, 공정, 효율 등 두루 고려할 요소가 많아져 원하는 대로 해줄 수 없는 때도 있고, 미운 짓을 하는 상대가 이해되기도 하며, 화내는 상대에게 상황 설명을 다 해줄 수 없는 일이 다반사에 회사 측에 서야 하다 보니 속상해하는 사람에게 미안하다고 표현해서는 안 되는 경우도 있었다.

말 한마디로 천냥 빚을 갚는다는데, 하고 싶은 말을 다 못하니 마음의 빚만 자꾸 너해시는 요즘이다. 언젠가는 담담하게 일 너머의 사람에게 상처를 주지도 받지도 않을 수 있게 되기를 바라며 그녀들을 포함하여, 닿을 리 없는 분들에게 이 글을 빌려 사과를 보낸다.

**미안합니다.**

# 13인의 아해

달리기는 이제 그만

2003년 첫 직장, 홍콩에서 9개월간 근무하는 동안 사스SARS가 터졌다. 지금 생각하면 코로나 선행학습 편 같은 시기여서, 어디를 나다니기도 어렵고 '맛의 천국' 안에 있는데도 뭐 하나 사 먹는 게 무서웠다. 요리는 차치하고 조리라도 할 줄 아는 게 고작 계란후라이, 라면 또는 채소를 데쳐서 간장에 찍어 먹는 게 다였던 '어린' 시절이라 한 달 동안 5kg가 빠졌다. 할 일이 진짜 없어서 회사 일이 아니면 작은 방에서 그저 TV만 봤다. 그러던 어느 심심한 주말, 어디 한번 온종일 홍콩영화만 봐 보자고 정했다.

홍콩영화라면 자라면서 명절에 〈영웅본색〉 같은 액

션 느와르물 몇 편 본 게 다였던 터였다. 그때까지 본 것 중에 딱히 내 취향에 맞는 건 없었다. 하지만 막상 영화를 몰아서 보기 시작하니 내가 좋아하는 로맨틱 코미디물에 드라마 등 장르가 다양했다. 그리고 또, 아무래도 홍콩을 조금 알게 되니 이야기의 전개 및 감정선의 맥락 등이 더 잘 와 닿았다.

그런데, 네 편째 정도였나, 앞서 본 영화에서 봤던 배우들이 또 등장하는 게 아닌가! 앞의 영화에서 경찰이었던 배우는 형사로, 회사원을 연기한 배우는 전문직으로, 시장 상인 역할의 감초 배우는 다른 업종의 자영업자인 식으로 말이다. 90년대 한국 순정만화의 전성기를 열혈독자로 함께 했던 터라 자연스레 어린 시절이 기억났다. 다작하는 작가의 작품 여러 편을 몰아 읽을 때면 똑같은 얼굴로 비슷한 역할을 하는 등장인물들 때문에 머릿속에서 이야기들이 뒤죽박죽되어 친구들과 웃었던 기억이.

한국과 해외를 오가며 꽤 다양한 조직문화를 겪어보고 나니, 우리들의 회사 생활도 한편으로는 홍콩영화나 순정만화 같다는 생각을 가끔 한다. '사람 사는 게 다 거기서 거기', 또는 '그 나물에 그 밥'이라는 표현과도 일맥상통하는데, 조직 X에서 만난 사람 X는 조직 Y

의 사람 Y로 만나지더라는 것.

으레 그런 법이라 생각하고 웃고 지나가야 하는데, 그중 나를 오랫동안 괴롭힌 게 있었다. 모자란 건 얕보고 잘난 건 시기함으로써 결과적으로 스스로 인품을 땅에 떨어뜨리는 사람을 생각보다 자주 마주친다는 거다. '리더십'에 대한 선망으로 롤모델을 찾아 헤매던 어린 시절에는 그런 이들에 대해 적잖이 실망하고 분노했는데, 좀 더 나이 들면서는 환멸과 두려움을 느꼈던 성싶다. 그런데 얼마 전, 글 선배님과 나누었던 이런저런 대화가 내가 만났던 사람 A(들)에 대해 곰곰이 생각을 해볼 계기가 되었다. 미워하는 마음만 가득하다고 생각했는데, 이제는 그들에 대해 안타까움과 함께 '나는 그러지 말아야지' 하는 경계의 마음이 들었다.

그리고 그와 함께 이상의 〈오감도〉가 생각났다. 왜 그런지 모르고 그저 서로가 무서워서 골목을 질주하는 아해들은 본인이 무서움의 대상이자 무서워하는 주체가 되어, 막힌 골목인지 막히지 않은 골목인지조차 중요하지 않고, 그저 끝도 없이 내달린다. 그 모습을 상상하면 어디서 오는 오지랖인지 '저렇게 내달리는 그 끝에 절벽이 있으면 어떻게 하지?' 덜컥 걱정이 된다. 내가 호밀밭의 파수꾼은 아니지만, 문득, 오감도의 질주하는 아해들을 하나씩 잡아 따뜻한 모닥불가에 앉혀주고 싶다.

  그렇게 낭떠러지로 추락하기 직전에 아이들을 잡아 앉힐 수 있다면, 그 추운 손에는 코코아를 들려주고 긴장으로 굳은 등에는 따뜻한 담요를 둘러 줄 테다. 그러면 아이들은 어색한 공기를 헤적이는 모닥불을 보며 도란도란 이야기를 하겠지.

  하지만, 이제는 안다. 그러다가도 아해들은 결국 마음속에 일렁이는 불안을 참지 못해 다시 골목으로 뛰어나갈 거라는 걸. 그리고 나 또한 13인의 아해가 되어 함께 내달릴지도 모를 일이고.

폭죽놀이
걱정이 풍년
의미 한 조각
누가 누가 더 무섭나?
내 맘, 네 맘
더 있다
영원한 평범
시지프스의 돌
쉿, 눈으로 말해요

# 사람은 무엇으로 사는가

⟨Faith⟩ 36cm x 44cm

까무룩 할 새 없이 마음을 두드려
잠 못 이루는 밤을 만드는 감정들이 있다.
너무 기쁘거나 좋아서
밤을 꼴딱 샌 기억은 없는 걸 보면
대개는 부정적인 감정들이지 싶다.
마주하여 다독이고, 다스려본다.

⟨Pride⟩ 67cm x 45cm

# 폭죽놀이
무력함

 불꽃놀이를 좋아한다. 부산, 시드니, 홍콩 등에서는 새해맞이 불꽃놀이를, 미국 여러 도시에서는 독립기념일 불꽃놀이를, 마침 기회가 좋아서 또는 기회를 만들어서라도 구경 다녔다. 함께 할 사람이 없으면 혼자서라도. 그러다가 용산으로 이사한 후에는 매년 여의도에서 열리는 서울 불꽃놀이 축제를 봤다.

 용산으로 이사한 건 2010년도였다. 이사 갈 준비를 하는데, 지하실 창고까지 딸렸던 32년 주택 생활이었던 지라 짐이 어마어마했다. 버릴 짐이 턱없이 많은데 이사 직후 집까지 허물 계획이라 가족회의 끝에 거실 바닥에 테이프로 줄을 긋고, 그 선 안에 넣은 것만 챙겨 나왔다. 새집으로 가니 수납공간은 아찔하게 작아졌지만, 짐을 독하게 덜어낸 덕에 실제 활용 공간은 오히려 넉넉해진 듯했다. 부엌의 라디오폰 같은 기기들도 쓸모를 떠나 신기했고, 새로 산 가구와 가전도 모두 너무 좋았다. 그래서 우리는 한동안 매일이 파티였다.

그러던 중, 하늘이 맑은 어느 평온한 오후, 거실에 모두 모여 노닥거리고 있을 때였다. "쿵"하는 굉음이 들렸다. 순간 가족 모두 조용해졌다. 다시 굉음. 우리는 그대로 얼어붙어 서로를 쳐다봤다. 또렷해진 눈동자들.

아빠는 잰걸음, 날카로운 눈빛으로 거실의 통창에 다가가 밖을 살피며 잠깐 있어 보라고 했다. 다시 굉음이 들리나 기다리는데 가슴이 싸했다. 나는 초조하게 인터넷을 검색했다. 검색어는 '한국, 전쟁', '서울 폭격'.

다행히 전쟁도 폭격도 아닌 그저 우리 가족만의 해프닝이었는데, 나중에 알고 보니 서울 불꽃놀이 축제 준비였단다. 시간이 좀 지나 우리와 똑같은 생각을 한 사람을 교회 봉사모임에서 만났다. 다름 아닌 용산기지에서 근무하는 미군이었다. 서울에 오고 얼마 안 되었을 때, 외출 중에 그 굉음을 듣자마자 '폭격이다!' 놀라서 부대에 전화했단다.

어떤 기억은 그런가 보다. 머리에 담아두지 않았는데

몸이 알고 있다. 불꽃놀이를 그토록 쫓아다니며 봤어도 나는 그 소리를 폭격과 연관 지은 적이 단 한 번도 없었다. 그런데 시각적 요소와 불꽃놀이에 대한 기대감이 배제되자 그렇게 폭죽 소리가 단박에 이라크 바그다드에서의 기억을 떠오르게 한 거다. 전쟁 중의 폭격 소리를.

나는 여섯 살부터 열 살까지 4년 반을 이라크의 수도 바그다드에서 보냈다. 당시 이라크는 이란과 한창 전쟁 중이었다. 한밤중, 천둥보다 묵직한 굉음과 뒤따라오는 차르르 유리창 소리에 눈을 뜨면 청아한 파란 빛이 침대 발치를 사선으로 드리우고 있있다. 그 쨍힌 달빛은 어린 눈을 뗄 수 없도록 예뻐서 한참을 바라보다 다시 잠이 들곤 했다. 자세한 거야 내가 알 수 없지만, 우리가 있던 4년 동안 폭격은 점점 가까이 왔지 싶다. 어느 날엔가는 한낮에, 폭격소리에 익숙한 귀에도 깜짝 놀랄만큼 큰 굉음이 들렸다. 그때 봤던 것 같다. 아빠의 잰 걸음과 날카로운 눈빛을.

그 순간, 아빠는 동생을 안아 올리며, "어, 지금 건 진짜 가까이 떨어진 거 같아. 우리 어디 떨어졌는지 구경하러 가자."라고 했다. 우리는 옥상으로 올라갔고, 아빠가 가리킨 손가락 끝에는 땅에서부터 피어나는 구름이 있었다. 눈으로 폭격 위치를 본 건 그때가 처음이

자 마지막이었고, 얼마 지나지 않아 우리는 한국으로 돌아왔다.

1999년에 개봉한 로베르토 베니니의 「인생은 아름다워」라는 영화가 있다. 유대인인 주인공과 다섯 살 어린 아들의 이야기다. 일반 시민에서 유태인으로 낙인찍혀가는 과정이 그려졌고, 그런 후 수용소까지 들어간다. 그곳에서 주인공은 처참한 수용소의 환경을 아들이 무서워하지 않도록 재미있는 미션수행 게임으로 포장한다. 주인공은 끝내 죽고 마는데, 총살당하러 가면서도 자기를 숨어서 지켜보는 아들이 아빠가 여전히 재미있는 게임을 하고 있다 믿게 하려고 우스꽝스러운 걸음걸이로 미소 지으며 화면 밖으로 사라진다.

이 영화, 이 장면을 봤을 때 비로소 깨달았다. 대피해도 모자랄 판에 아빠가 우리에게 옥상에서 폭탄이 떨어진 위치를 구경하게 한 이유를. 그게 지금의 나보다도 어렸던 아빠가 어린 자식들이 무서워하지 않도록, 용기를 그러모아 한 최선의 노력이었음을.

한참이 지나 성인이 된 후에도 이라크에 대해서는 전쟁 소식이 뉴스를 통해 간간이 들렸다. 그중 하이라이트로는 홍콩 출장 중에 봤던 걸프전 뉴스를 꼽겠다.

TV를 보고 있는데, 세계 최초로 생중계되는 전쟁이라고 했다. 이라크였다. 기자는 깜깜한 밤을 배경으로 밝은 빛을 내며 떨어지는 포물선을 폭죽놀이처럼 보여주며 오해하지 말라고, 저건 군사시설만 정확하게 타격하는 거라고 했다. 정말?

명색이 CNN인데, 설마하니 거짓말을 하겠는가 생각하면서도 나는 그날 잠을 한숨도 못 잤다. 그 후 한참이 지나, 이라크 바그다드의 어느 여인을 인터뷰한 프로그램을 보게 됐다. 여인은 천장의 자국을 가리키며 담담하게 이야기했다. 저게 걸프전 폭격 때 첫째 딸의 오른손이 날아가서 붙었던 자리라고. 어디서인가 전해 들은 이야기로는 내가 어릴 적 다녔던 국제학교도 걸프전 폭격으로 파괴되었다고 했다.

2022년 2월 24일, 올림픽 기간부터 말이 나오더니 우크라이나를 러시아가 결국 침공했다. 그 당시 뉴스에서는 한 달 된 아기를 안은 남자가 매일 새벽마다 폭격 소리에 하루하루가 너무 괴롭고 힘들다고 호소했다. 그런가 하면, 피란을 간 장소에는 휘둥그레 큰 눈을 한 아이들이 올망졸망 무릎을 잔뜩 끌어안고 벽에 붙어 있었다. 벌써 1년 반이 다 되어가는 지금도 전쟁은 진행 중이고, 민간시설을 대상으로 한 폭격은 끊이지 않고 있다. 뉴스 뿐 아니라 각종 인터넷 매체를 통해서도 소식이 전해진다.

수많은 사람이 이미 겪은, 그리고 지금도 겪고 있을 현실. 그 안에는 폭격 소리에 잠을 깨고, 목숨이 오가는 일상을 살게 된 아이들이 있다. 그리고 그 아이들이 잠시나마 두려움 없는 순간을 보낼 수 있도록 노력하고 있을, 아이들을 위해 용감할 수밖에 없는 부모들이 있음을 안다.

그제 저녁 한숨과 분노의 목소리를 SNS에 끄적여 놓고는 올리려다 말았다. 새삼 아는 척하기에는 너무 관심을 안 두었던 터라 염치가 없어서.

**그래서 그 대신, 그 부모들을, 그 아이들을, 그저 잊지 않으려 한다.**

# 걱정이 풍년
걱정

어린 시절, 이라크에서 다녔던 국제학교에는 다양한 국가에서 온 아이들이 있었다. 동화책에서 막 튀어나온 왕자님인 듯 곱슬곱슬한 금발의 덴마크 남자아이도 있었고, 영상 10도 미만의 '겨울'이 되면 무조건 두꺼운 파카 잠바를 입는 케냐 남매가 있는가 하면, 같은 날씨에도 반바지에 긴 체크무늬 양말을 무릎까지 오도록 신는 영국 아이도 있었다. 출신 국가, 옷차림 모두 각양각색이었는데, 내 눈에만 그렇게 보였는지 몰라도 여자아이들은 귀를 뚫어 작은 귀걸이를 한 아이들이 대부분이었다. 그래서 그런지 한국 여자아이들도 초등학교 저학년이면 귀를 뚫었다.

어느 12월, 크리스마스가 다가오고 있었다. 엄마가 언니와 나에게 말씀하셨다. "크리스마스 선물로 귀 뚫어줄게. 내일 OO네랑 같이 갈 거야. 좋지?"

귀를 뚫다니? 여자아이들이 하고 다니는 걸 보기야 했지만, 해달라고 한 적도 없는데. 해준다니 그런가보다 싶기는 했지만 어떻게 뚫는다는 걸까 궁금했다. 아프냐고 물으니 엄마가 손으로 하는 것도 아니고 총으로 할 거라 하나도 아프지 않다고 걱정말라며 웃으셨다. 그러고는 부엌으로 사라졌는데, 나의 작은 머릿속은 그때부터 분주해졌다.

> 총으로 빵 쏜다고?
> 얼마나 멀리서?
> 그렇게나 멀리서?
> 그럼 못 맞출 수도 있겠네!

일곱 살짜리의 엉뚱한 상상력이 발휘되기 시작했다. 나는 벽에 나를 세워놓고 저멀리서 내 작은 귀를 조준해 총을 쏴 귀를 뚫는 장면을 상상했다. 계속 되풀이해 상상한 장면에서 세상 험상궂게 생긴 귀 뚫는 아저씨는 내 귀를 몇 번은 맞혔지만, 더 많이는 못 맞혔다. 결국 나는 그날, 벽에 기대 총구로 조준당할 생각에 콩닥

콩닥 밤을 꼴딱 새웠다. 물론, 그런 일은 일어나지 않았고, 그다음 날 가게에서는 눈이 왕방울만 한 이라크인 아주머니가 작은 딱총을 내 귓볼에 찰싹 붙여 한번 따끔했을 뿐이었다.

걱정이라는 건 잘 알지 못하는 데서 생기고 내가 통제할 힘이 없다고 생각하면 커진다. 만약 딱총이라는 걸 알았다면 애초에 생기지도 않았을 걱정이요, 귀를 뚫을 다른 안전한 방법을 대안으로 내가 제시할 수 있었다면 걱정이 그렇게 커지지 않았을 거다. 가장 바람직한 건 못 미더우니 나는 안 하겠노라 엄마께 말씀드리는 거였을 텐데, 저 사건(?)을 보면 거절 못하는 건 타고난 성품이지 싶다.

원조 걱정인형은 색색의 알록달록한 천 조각을 돌돌 둘러 옷 입힌 손가락만 한 단순한 형태의 인형이다. 아이들이 잠자리에서 인형에게 걱정을 속삭인 후 그걸 베개 아래 두면, 아이가 자는 동안 부모가 인형을 치우고 다음 날 인형이 네 걱정을 가져갔다고 이야기하는 그런 시스템이란다. 어떻게 보면 기독교에서 근심·걱정을 하나님께 올려드리라는 것과도 비슷한 듯하다. 이야기하기까지가 나의 몫, 그다음은 내 주관이 아니니 가장 좋은 방향으로 해결해 주실 걸 믿고 평안해지라는 건데, 걱정이 많은 성품인 나는 그게 참 힘들다. 올려드리고 '어떻게 해결하실지 궁금한 마음으로 지켜봐야지' 머리로 생각은 하면서도 불안한 손은 소용없을 것 같은 일을 이미 하고 있으니 걱정을 가져가는 입장에서도 '이걸 가져가, 말아?' 하실 듯.

신혼 시절 첫 한 해를 함께 보낸 12월 31일에 남편과 와인을 마시다 책장에 놓인 달력을 가져와 앞에 놓았다. 가장 앞장을 펼쳐 1월, 2월, 한 장씩 넘기며 훑는데 기가 막혔다. 일단 신혼여행에서 돌아오자마자 시작된 양가 부모님의 큰 수술 일정들이 있었다. 세 분이 무슨 호텔 체크인 체크아웃하듯 몇 주씩 입원했다 퇴원하고, 몇 주 안정을 찾고 나면 바로 다음 분이었다. 1월, 3월, 5월. 마지막 수술 일정이 끝나자 한 달쯤 뒤에 남편이 미국으로 가겠다 해서 시작된 세 번의 이사가 있었다. 그 와중에 나는 미국에서 구직도 해야 하여 미국에 두 번을 다녀오는 등, 걱정할 일이 풍성한 한 해였다. 내가 그 달력을 보며, "우와 우리가 이걸 했네." 하며 남편에게 달력을 건넸다. 그리고 누가 연초에 이런 달력을 주며 올해 일정이라고 하면, 이렇게 살 수 있겠느냐고 물었다.

남편이 큭큭 웃으며 말했다. "아니, 모르니 살았지."

그러고 보면 어쩌면 가장 힘든 일은 걱정할 여유 없이 들이닥쳤던 거 같다. 티벳 속담에 이런 게 있단다. '걱정해서 걱정이 사라지면 무슨 걱정이래!'

그냥 풍성한 삶에는 걱정도 풍성해야 하나보다, 하고 닥치는 대로 최선을 다해서 잘, 그렇게 살아내면 되지, 생각하는 요즘이다.

**걱정하고 미리 대비할 수 있는 고난은 어쩌면 고난이 아닌지도 모른다.**

## 의미 한 조각
공허함

　오래전, 전교생 단체관람으로 뮤지컬 『레미제라블Les Miserables』을 봤다. '가엾은 사람들'을 뜻하는 제목처럼 다사다난한 등장인물들의 서사가 절묘하게 축약되어 주옥같은 노래에 담겨 있었다. 게다가 무대장치는 어찌나 변화무쌍한지 그날의 공연이 열일곱 살 여고생의 머리와 가슴에 '꽂혔다'. 슬픈 장면에서 한 배우의 민망하게 낀 바지에 여고생들이 일제히 히히호호 웃어 몰입이 깨진 배우들이 어리둥절 당황해했던 추억은 덤이다.
　나는 노래에 홀딱 반해 오리지널 뮤지컬 CD를 사서 가사를 달달 외우도록 들었다. 듣다 보니 등장인물들이 마음을 모을 때는 화음으로, 대적할 때는 변주로, 어떤 대목에서는 동시에 각자의 가사를 저마다의 선율로 뽑는 게 놀라웠다. 잠시 스쳐 가는 단역의 내적 동기마저 단 한 줄 가사로 이해할 수 있도록 담아내는 데에는 존경심마저 들었다. 나의 뮤지컬 『레미제라블』 사랑은 꾸준해서 지금까지도, 특히 마음을 다잡을 일이 있을 때면 듣곤 한다. 왜 그런가 생각해보니, '인생의 의미'에 대해 생각해보게 되기 때문인 듯하다.

'내 살아온 인생이야말로 소설 감'이라고 생각하는 사람이 어디 한 둘일까마는, 『레미제라블』의 등장인물들의 서사는 정말 파란만장하다. 최하층 빈민에서 사회구성원도 못 되는 죄수로, 다시 지도층인 시장을 거쳐 도망자가 된 주인공, 범법자 소굴에서 나고 자란 탓에 오히려 극단적으로 엄격한 법의 수호자가 된 적대자, 하루를 더 산다는 건 죽음에 하루 더 다가서는 것일 뿐이라며 공허하게 서로 뜯고 뜯어 먹히는 가난한 사람들, 엄마를 몰락시킨 간접적 원인 제공자인 걸 모른 채 그의 딸로 자라는 아이, 등 그야말로 아포리아 대잔치다. 그런데도 처한 환경에 도전하고 바닥에 떨어져 좌절하면서도 그대로 또 어떻게든 살려 애쓴다. 마음 저리게 가엾은 그들은 마지막 '넘버'인 49. 「Do You Hear the People Sing(Reprise)」에서 죽은 사람, 산 사람 모두 나와 무대 여기저기서 삼삼오오 노래

한다. 듣고 있느냐고, 우리들의 노래를.

처음 공연을 보면서는 이게 마무리 무대인사를 위해 만든 노래인가 했는데 들을수록 그게 자기 인생이 헛되지 않았음을, 자기 삶의 의미를 알아달라는 메시지로 들렸다.

그러고 보면 '의미'를 알아달라는 메시지는 일상에서도 흔하고, 어쩌면 넘치게 듣는다. 커리어와 네트워킹을 목적으로 만든 '링트인Linkedin'이라는 플랫폼이 있다. 언제부터인가 단순 네트워킹이나 구직구인을 넘어 콘텐츠 플랫폼으로써의 역할도 하는데, 회사로서든 개인으로서의 포스팅이든 '의미있음'에 관련된 내용이 참 많다. 자기가 하는 일이 고객에게, 환자에게, 사회에 어떤 의미 있는 가치를 주는지, 내가 믿는 바가 이러하며 그리하여 내가/우리가 하는 일은 의미가 있노라고, 또는 이번의 성과가 나/우리에게 얼마나 큰 의미가 있는지 이야기한다. 그렇게 하는 이유는 '의미'가 조직이든 개인이든 목표 의식을 가지고 버텨내고 밀고 나가는 원동력이 되고, 인간이 기본적으로 갖는 '인정욕구'와도 일맥상통하기 때문이지 싶다.

그런데 인정욕구는 비뚤고 파괴적으로 발휘되기도

한다. 요즘 뉴스를 보면 이게 정말 한국인가 싶게 살벌한 범죄 뉴스가 하루가 멀다고 쏟아져 나온다. 범행동기를 보면 특정인에 대한 원한이나 재화에 대한 욕망이 동기인 경우가 대부분이기는 하지만, 삶의 의미를 찾지 못해서, 또는 끔찍한 방법으로라도 '인정'받기 위해서인 경우도 적잖이 있는 듯하다. 사람이 어떻게 저래, 싶다가도 그들의 몸부림을 들여다볼 때면 뮤지컬 레미제라블이 자꾸 생각난다. 어리석고 무모하고 처참하게 가련한 그들의 노래….

과거와 현재, 그리고 미래의 가엾은 사람들 모두를 추모한다.

# 누가 누가 더 무섭나?

두려움

이십 대 후반, 캘리포니아의 대학 도서관에서 시험 준비를 하고 있었다. 고개를 책에 박고 한창 공부에 집중하는데, 옆에 인기척이 느껴졌다. 책상 아래로 에스닉풍의 보라색 긴 바지와 털 안감이 살짝 보이는 검은색 발목 부츠가 보였다. 고개를 들어보니 발의 주인은 두툼한 패딩 코트에 보라색 털실 모자까지 쓴 자그마한 동양인 할머니였다. 그녀는 작은 목소리로 혹시 차를 가지고 왔느냐고 물었다. 그렇다고 대답하니, 내가 집에 갈 때 자기를 학교 밖 버스 정류장 앞에 내려줄 수 없겠느냐며 조심스레 물었다. 한여름에 한겨울 옷차림이라니 캠퍼스 주변에서 숱하게 마주치는 노숙자들이 떠올랐다. 심상치 않은 그녀의 등장에 뜨악한 기분이었지만, 철이 안 맞을 뿐 깔끔한 차림이었고 무엇보다 표정이 너무 간절하기에 그러겠노라고 했다.

그녀가 자리로 돌아간 후, 나는 자꾸 그녀에게 시선이 갔다. 그녀도 나를 계속 흘끔댔다. 아무래도 좀 이상한 사람인가 싶어 고민 끝에 학교 기숙사에 있는 친구에게 전화를 걸었다. 자초지종을 이야기하고 정말 미안하지만, 다시 데려다 줄 테니 버스 정류장까지 가는 동안 차에 함께 있어달라고 부탁했다. 천사 같은 동기는 그러겠노라고 했다. 진정된 마음으로 다시 교과서와 씨름하는데, 한 시간이나 지났을까? 그녀가 다시 나에게 왔다. 잊지 말고 꼭 데리고 가달라고 신신당부하며, 자기는 이상한 사람이 아니란다. 정말 믿어도 좋단다. 아차, 들켰구나! 내가 의심한 걸 그녀는 어떻게 알았을까? 친구를 부르는 게 어쩐지 자기를 믿어달라고 호소하는 그녀에게 실례인 것 같아 친구에게 다시 전화했다. 올 필요 없다고.

시간이 흐르고 도서관을 닫는다는 방송이 나왔다. 약속대로 그녀에게 이제 집에 가자고 했다. 그녀는 무거워 보이는 배낭을 둘러멘 채 커다란 서류 봉투를 한껏 끌어안고 따라 나왔다. 차를 주차해 둔 곳까지는 10분 남짓, 계단을 내려오는데 그날따라 나무 난간마저 서늘하게 느껴졌다. 철컹, 무거운 문을 열고 나갔다. 주차장으로 가는 길은 점점 어두워졌다. 그녀는 쉰 목소리로 쉴 새 없이 속사포처럼 이야기를 꺼냈다. 자기 치아를 망가뜨린 치과를 상대로 소송을 준비 중인데 변호사를 믿을 수 없어서 모든 법률을 직접 공부하고 있단다. 여자가 살기에 험한 세상이라며 아무도 믿지 말란다. 밤길이 정말 위험한데 그래도 우리는 둘이라 안전한 거라고, 함께 가니 얼마나 다행이냐는 이야기를 반복했다. '저는 밤길이 아니고 당신이 무서워요.'라는 생각이 머릿속을 맴돌았다. 오겠다던 친구를 그냥 와달라고 할 걸, 후회하다가 그래도 체격은 나랑 비슷하니 만일의 경우에라도 밀리지는 않을 걸로 생각했다.

일부러 그런 건 아닌데, 실은 그 10분 동안 그녀에게 미처 얘기 못했던 게 하나 있었다. 내가 2개월 차 초보 운전자라는 것. 나는 불과 일주일 전에도 헤드라이트를 켜지 않은 채 어두운 길을 벌벌 기어가다 잡혔고, 몇 주 전에는 한밤중에 캠퍼스 내 역주행으로 걸렸던 전력이 있었다. 두 번 다 불쌍한 표정으로 임시면허증 종이 쪼가리를 내민 덕분에 계도만 받았던 운 좋은 초보 운전자였다. 그걸 알 리 없는 그녀는 나를 믿고 차에 올랐고, 그녀를 무서워하는 나는 운전대를 잡았다.
차를 탄 후에도 그녀는 계속 쉬지 않고 치과와의 분

쟁 이야기, 믿을 수 없는 세상과, 그렇지만 자기는 믿어도 좋다는 이야기를 반복했다. 나는 여러모로 쿵쾅대는 가슴을 안고 안전띠를 매고 시동을 건 후, 헤드라이트가 잘 켜져 있는지까지 확인한 후에야 그녀에게 어디로 어떻게 가느냐 물었다. 뜻밖의 대답이 돌아왔다. 버스 정류장이면 어디든 좋다며, 자기는 가는 길을 모른단다. 황당했지만 그녀에게서 벗어날 길은 하나, 약속대로 그녀를 적당한 곳에 내려주는 것뿐이었다.

주택과 학교가 섞여 컴컴한 미로 같은 캠퍼스를 헤매는데 길은 모르지, 가로등은 왜 있나 싶게 어둡지, 옆에 사람은 계속 무섭지…. 어떻게 운전했는지 정신을 차려보니 차가 화단으로 기어들어 가고 있었다(!). 경기 일으키듯 깜짝 놀라서 쭉 후진했다. 뭔가 덜컹했다. 다시 놀라 핸들을 오른편으로 꺾으며 전진하니 차가 인도 턱을 반쯤 걸쳐 올라가는 통에 차가 숫제 기울어졌다. 떨리는 목소리로 어두워서 그런다는 핑계를 대며 하이라이트를 켠다는 게 시동을 끄질 않나 와이퍼를 돌리지 않나, 후진과 전진을 반복하며 내 정신은 달나라를 두 번도 넘게 다녀왔다. 식은땀을 흘리며 그래도 어찌어찌 간신히 차를 다시 제대로 된 밝은 길에 올려놓았다. 양손으로 핸들을 꽉 쥔 채 크게 숨을 내쉰 후, 한참 만에 옆을 봤다.

그녀는 뜻밖에도(?) 보조석 위의 손잡이를 양손으로 부여잡고 새파랗게 질려 두 배는 커진 눈으로 나를 쳐다보고 있었다. 그제야 깨달았는데 그녀가 조용해진 지가 한참이었다. 순간 묘한 승리감과 함께 마음의 평화가 찾아왔다. 나는 비로소 침착한 목소리로 그녀에게 말을 건넸다.

"미안해요. 다시 가봅시다."

언젠가 인터넷에서 읽었던 얘기가 있다. 아시아인 남자가 캄캄한 시각에 장거리 버스를 탔는데 승객은 자기뿐이고 기사는 흑인이었단다. 인종에 대한 선입견으로 글쓴이는 흑인 운전사가 혹시라도 자기를 엉뚱한 데로 끌고 가서 공격하는 건 아닐까 걱정되었단다. 한껏 졸아든 마음으로 가고 있는데, 기사가 길가 공중전화 부스에서 잠시 차를 세우겠다고 하더란다. 무슨 일을 꾸미는 건 아닌지 근심하며 창문을 살짝 여니 운전사의 통화 내용이 들렸다. 승객이 건장한 아시아 남자애 하나뿐인데 혹시 공격당하는 건 아닌지 걱정되어 자기가 어디쯤 가고 있는지 알려놓으려고 전화했다고.

그 순간 아시아인 남자는 흑인 운전사와 서로 무서워했던 시간이 얼마나 무색했을까? 또는 자기가 무서워하는 상대에게 자신도 공포의 대상이라 안심했을까?

내려주자 뒤도 돌아보지 않고 달아난 그녀도 지금 생각해보면 남에게 피해 안 주는 정도의 겁많은 괴짜 할머니 정도였지 싶다. 그렇게 생각하면 내가 미안해 했어야 하나 싶다가도 또 한편으로는 나의 걱정이 꼭 부당하지만은 않았다는 생각도 든다. 살아보니 세상은 실제로 험할 수 있고, 아흔아홉 번 무탈했더라도 한 번 당하면 후회스러운 결과로 이어진다. 그 딱 한 번만으로 확률은 의미가 없어지니까. 지금의 나라면 어떻게 할까? 안전하다고 생각되지 않는 사람에게는 애초에 차를 태워준다 약속하지 않을 테요, 약속했더라도 뻔뻔하게 취소할 것이며, 어쩌면 몰래 도망갔을지도 모르겠다. 그녀가 정말 정신이 온전치 않은 사람이었는지, 아니면 멀쩡한 사람을 의심했으니 내가 그녀에게 미안해야 하는지 아직도 결론 내리지 못했지만, 가끔 궁금하다.

**그녀는 나를, 그날을, 어떻게 기억하고 있을까?**

# 내 맘, 네 맘
샤덴프로이데

미국 경영대학원에서는 교수가 예고 없이 학생을 선택해서 기업의 실제 사례인 케이스case에 대해 요약하고 의견을 개진하도록 질문하는 콜드콜cold call을 한다. 실제 비즈니스에서 마주할 압박감과 불확실성 하에서 대응하는 힘을 키우기 위한 교수법인데, 국적을 불문하고 학생 대부분이 부담스러워했지 싶다. 교수님은 토론 중간에 단답형 질문을 던지기도 했다. 대답 못하면 창피한 건 당연지사인데, 반 동기들이 직장을 한창 다니다 온 사람들이다 보니 대답으로 역량을 평가받는 느낌마저 들어 더 긴장되고 두려웠다.

유학 오기 전에 듣기로, 분명 경영대학원 과정은 골프 치고 모여 놀기 바쁘다고 들었는데, 순 거짓말! 인문학도 출신인 나로서는 처음 듣는 과목이 많아서 힘들었고, 겉으로는 여유 있는 척 하면서도 실상은 그렇지 못한 게 부끄러웠다. 교과서와 케이스 읽기 분량을 소화하기 벅차 속독하는 법까지 인터넷에서 찾아 어설프게 흉내 냈다. 그뿐 아니라 설상가상으로 운전도 큰 시련이었다.

학교로 가는 길은 두 가지가 있었다. 몇 분가량 고속도로high way를 잠시 타야 하는 '빠른 길'과 양방향 일차선도로를 따라가는 '느린 길'. 운전이 서툴러서 느린 길로만 다녔는데, 길 양옆에 다양한 국가의 음식을 파는 식당과 구경하고픈 가게가 즐비했다. 다만, 차를 세우려면 평행주차를 해야 하니 초보 운전자였던 나에게는 말 그대로 그림의 떡이었다. 두 손으로 운전대를 땀 나도록 꼭 잡은 채 식당과 가게들을 선망의 눈초리로 바라보며 지나가곤 했다.

하늘이 언제나처럼 맑고 높던 어느 날, 경제학 수업이었다. 매서운 눈초리에 머리가 비상하게 좋은 교수님이었는데, 내 이름을 불렀다(!). 운전과 주차만으로도 체력과 정신력이 소진되어 이미 지친 상태였다. 교수님의 질문이 뭐였는지 분명 들었는데 순간 기억이

⟨Take me home⟩ 16cm x 23cm

나지 않았다. 다시 이야기해 달라고 하니 내 느낌이었 겠지만 한심하다는 표정으로 질문을 다시 하셨던 거 같다. 머릿속이 텅 비어 전방만 응시했고, 결국 답답함을 못 참은 다른 동기가 대신 대답했다. 알고 있는 간단한 문제였는데, 망신당한 게 너무 수치스럽고 분해서 나머지 수업 내내 그 순간을 되새김질했다.

수업을 마치고 집에 가는데, 배는 고프지, 차는 못 세우겠지, 창피해서 죽겠는데 하늘은 내 속도 모르고 예쁘지, 속이 어찌나 '다양하게' 상하는지, 느린 길을 운전하고 가며 펑펑 울었다.

그렇게 한 학기를 힘겹게 보내고 나니 어느 순간 나뿐 아니라 동기들 모두 지쳐있는 게 보였다. 금발의 미국인인 반 동기를 과제를 위해 만났을 때였다.

"어, 오늘 너 뭔가 달라 보여. 예쁜데? 머리했어?"

라고 물으니 반동기가 어쩔 줄 몰라 하며 얼굴이 갑자기 빨개졌다.

"I… brushed? 머리만… 빗었는데?"

함께 웃으면서 문득 '맞아, 나도 운동화를 신고 있지!' 하고 새삼 깨달았다. 학기 초에는 비탈진 길을 한참 걸어야 하는데도 불구하고 미련하게 바락바락 하이힐을 신고 다녔지만, 언제부터인지 나도 운동화만 신고 뛰어다녔던 터였다.

불과 몇 개월 만에 달라진 우리들의 모습에 웃음이 났다. 정장을 갖춰 입고 들어온 학생들을 학교가 몽땅 커다란 수영장에 밀어 넣으니, 물에 빠져 허우적대다 재킷은 벗겨지고 만신창이가 되어 한 명씩 여기저기에서 기어 나온 것 같았다. 이듬해, 이학년이 되었다. 주차는 여전히 엉망이었다. 차를 못 대서 앞으로 갔다 뒤로 갔다 낑낑대는 가여운 나를 지켜보던 분이 사무실 자리를 털고 뛰어나와 도와주기도 했고, 저 멀리 낙엽 쓸던 분이 보다 못해 한참을 걸어서 대주기도 했다. 하지만 관심도 없는 필수과목을 '울면서' 들어야 했던 일학년 때와는 달리 듣고 싶은 수업만 골라 들을 수 있었고, 마음이 맞는 친구들도 생겨서 먹고 싶은 음식은 친구들이 함께 가줬다. 취직에 대한 불안이 간혹 파도처럼 밀려오곤 했지만, 매일매일 그림 같은 하늘 아래 대체로 평온하고 행복한 날들이었다. 직진만 하면 되는 한 방향 느린 길도 더 이상 무섭지 않았다. 심지어 운전하면서 한 손을 제법 자유롭게 사용할 수도 있었다!

새 학기가 시작된 지 얼마 안 된, 하늘이 높고 파란 어느 날이었다. 선글라스를 끼고 날씨를 즐기며 여유롭게 느린 길을 타고 학교에 가는데, 맞은 편에서 컨버터블 오픈카가 다가왔다. 스친 건 아주 잠깐이었지만, 속도가 느려 운전하고 있는 붉은 갈색 머리 여자의 얼굴이, 표정이 또렷이 보였다. 운전하며 펑펑 울고 있었다(!).

그 모습을 지나치자마자 갑자기 웃음이 터져 나왔다. 그냥 웃은 정도가 아니라 운전대에 숫제 엎어지다시피 하여 눈물이 나도록 혼자 깔깔대며 한참을 웃었다.

그날 집에 돌아가 우는 사람을 보며 웃은 걸 두고 참 못됐다 반성했지만, 그 후에도 그 장면이 떠오를 때마다 자꾸 웃긴 게 혼자 속으로 난처했다. 내가 왜 이럴까 의아했는데, 그날의 웃음이 '샤덴프로이데Schadenfreude'였다는 걸 한참이 지난 후 『애비뉴 큐Avenue Q』라는 뮤지컬을 보고는 알게 됐다. 극중 「샤덴프로이데」라는 제목의 노래에서 설명하기를 샤덴프로이데는 '남의 불행을 보며 느끼는 행복'이라는 뜻의 독일어 단어란다. 그게 인간 본성human nature이라며 여러 상황을 나열했다. 예를 들어, 따뜻한 실내에 앉아 밖에서 비를 쫄딱 맞는 사람을 볼 때, 지도를 보며 헤매는 관광객을 볼 때, 잘 나가던 CEO가 해고되는 걸 볼 때, A 학점만 받던 학생이 B 학점 받는 걸 볼 때, 스케이트 선수가 시합에서 엉덩방아를 찧을 때 등.

그때만 해도 불행에 처한 사람을 보고 행복을 느낀다는 개념이 '착해야 한다'고 사회화 교육을 받은 머리로는 거부감이 들었고, 내가 그렇게 웃은 게 도덕적으로 옳지 못한 것 같았다. 하지만 시간이 지나고 나니, 사회와 타인에게 무해한 작은 만족이 내면에 잠시 찾아왔다고 괴로워하지 않아도 좋다는 생각이 들었다. 말이야 바른말이지, 내가 뭐라고 매 순간을 잎새에 이는 바람에도 괴로워하며 살겠는가. 또, 불행과 어려움에 대한 직접 경험치가 나이들며 계속 높아질 테니 남의 불행을 보고 고소해하는 샤덴프로이데는 자연스레 공감의 마음으로 채워가게 되지 않겠는가 말이다.

그래서 우아하고 성숙한 나를 만나는 그날이 올 때를 기다리며 나는 눈이나 비가 펑펑 오는 날이면 '샤덴프로이데 맛집 순례'를 이어간다. 대학로 학림다방을 방문하며 시작된 '장난'인데, 다름 아니라 횡단보도 앞에 위치한 큰 통창이 있는 가게를 찾아 길 건너는 사람들을 구경하는 거다. 따뜻하고 쾌적한 실내에 앉아 향긋한 차를 앞에 두곤 옷깃을 여미거나 휘적휘적 우산을 가누는 행인들을 보며 웃는다. 그리고 마음속으로 말을 건넨다.

'네 맘을 내가 알아. 너도 어느 날 나를 보거든 내 맘을 알아줘!'

# 더 있다
교만함

    코로나 사태 3년째인 요즘은 악수 대신 '주먹 퉁'을 하지만, 악수에 대한 생뚱맞은(?) 기억이 있다. 미국 생활에서 가장 필수적이고 기본적으로 필요한 것 두 가지가 운전면허증과 은행 계좌인데, 2016년도에 다시 미국생활을 하게 됐을 때였다. 예전에 받았던 운전면허증이 만료되어 갱신해야 했다. 다행히 한번 미국 운전년허증을 가지고 있던 사람은 몇 년이 지나도 필기시험만 보면 면허를 다시 준다고 했다. 신청해야 하는 행정기관은 DMV<sub>Department of Motor Vehicles</sub>로, 나는 오클랜드 DMV가 가깝기도 하고 사람이 많지 않다고 들어서 그쪽으로 갔다.

    행정 직원이 많은데도 예약한 사람들 줄을 처리하는

사람은 단 두 명뿐이었다. 한 사람은 단발머리로 작고 조용했고, 다른 사람은 긴 머리를 단단히 틀어 올려 묶고 화장을 짙게 한, 건장한 체구에 목소리가 쩌렁쩌렁한 여자였다. 대여섯 명 단위로 대기 줄에 서 있으면 먼저 일처리가 끝난 직원이 불렀는데, 긴 머리 여인은 응대하는 말이 다 들릴 정도로 목소리가 컸다. 워낙 불친절하기로 유명한 DMV임을 감안해도 불친절 점수를 매긴다면 10점 만점에 10점이었다. 질문은 짜증과 신경질로 받고, 면허 신청하러 간 게 아니라 반성문 쓰러 간 건가 싶도록 고압적으로 굴었다. 그렇게 기세등등한 그녀는 자기 앞으로 오는 사람들을 오는 족족 한 명씩 말로 쏘아붙여 위축시켰다.

내 앞의 대기자가 드디어 한 명이 되자 나는 긴 머리 여인이 나를 부르지 않기를 간절하게 바랐다. 순서상 긴 머리 여인이 될 거 같았지만 혹시 아는가, 내 앞사람의 행정처리가 기적처럼 신속하게 되어 저 단발머리 행정원이 나를 불러 줄지. 긴장 속에 기다렸으나, 슬프게도 결국 나를 부른 건 긴 머리 여인이었다. 작은 왕국의 여왕이라도 된 양 당당하게 위세를 휘두르는 듯한 목청과, 그 여인 특유의 웃음기 없는 리듬으로 첫 음절을 길게 빼며 나를 불렀다.

"네엑-스트Ne-xt! 다으음-!".

준비한 서류를 들고 다가갔지만 그녀는 나를 쳐다보지도 않았다. 무얼 하는지 고개를 잔뜩 숙이고 뭔가를 읽으면서 자기 머리 위로 손만 뻗어 내밀었다. 화려하고 긴 네일을 붙인 큼지막한 손이었다. 왜 그랬는지 지금도 모르겠는데, 순간 뭔가에 홀린 듯이 나는 그녀의 손을 잡았다. 작은 나의 왼손으로 큼지막한 그녀의 왼손을 '덥석'. 비록 오른손잡이들이 왼손으로 한 것이었으나, 그렇게 우리는 완전한 악수를 한 모양새가 됐다.

머리를 들진 않았지만, 나는 그녀가 나만큼이나 당황한 걸 알 수 있었다. 둘 다 그대로 굳어버렸으니까. 짧지만 긴 정적이 흘렀다. 그녀가 천천히 고개를 들어 우리는 비로소 서로의 눈을 볼 수 있었다. 악수하듯 자기 손을 잡은 자그마한 동양 여자를 본 그녀는 커다랗게 히히히히 웃음을 터뜨렸다. 나에게 잡힌 손을 뺐다 다시 내밀며 부드러운 목소리로 서류를 달라고 했으며, 그 후 내내 미소를 띠고 일 처리를 했다.

그날의 에피소드는 조금 확대해서 생각해보면 '악수의 힘'이 아니었나 한다. 대학시절, '그 많던 여학생들은 어디로 갔는가'라는 화두로 학내 성평등문화를 재조명해보는 하루 일정의 축제가 있었다. 첫 준비 모임의 참석자들이 어쩌다 그랬는지 나를 조교로 오해하는 바람에 총기획을 떠맡았다. 일을 벌이는 '병'이 있어 하루 축제를 일주일 일정의 문화행사로 부풀려 놓고는 재정을 확보하기 위해 여기저기 뛰어다녔다. 그때 교수님 소개로 동문인 모 패션기업의 대표님을 만나 뵀는데, 그 분에게 처음으로 악수는 이런 것이구나, 배웠다. 훤칠한 키에 짧은 커트머리, 당당하고 화려한 선배님은 내 눈을 들여다보며 활짝 웃었고, 악수를 청했다. 길고 큰 그녀의 손은 따뜻했지만 부드럽지 않고 단단했다. 일단 손을 잡은 후, 인사를 하며 다시 한번 적당한 압력으로 꾹. 그 잠깐의 순간에 '나는 당신에 대해 호감이 있고 당신을 존중한다. 당신도 나를 존중하라.'는 메시지를 들은 듯했다. DMV에서의 나의 왼손 악수는 그런 멋진 악수는 아니었으되, 나는 당신과 잘 지내고 싶다는 메시지로 그녀가 듣지 않았을까?

코로나로 언제까지 악수없이 장난스러운 '주먹 퉁'을 할지는 알 수 없으나 꼭 악수의 형태가 아니더라도, 우리는 누군가를 만나는 첫 자리에서 그런 무언의 메시지를 전해야 한다고 생각한다.
그렇게 하면, 우리는 그 뒤에 '더 있는' 그 사람을 만날 수도 있고, 어쩌면 훨씬 근사한 관계로 나아갈 수도 있으므로.

# 영원한 평범
### 시기심

내 아이가 영재이거나 수재이기를, 아니라면 어떤 면에서든 남들과는 다른 특별한 사람이 되길 바라는 건 모든 엄마의 염원이자 아빠의 기대일 거다. 그런 마음은 자연스레 전해지는지, 말하지 않아도 아이는 듣는다. 아이는 그래서 노력하고, 마침내 성취하기도 하지만, 대부분은 그 과정에서 자신보다 뛰어난 사람을 보게 된다. 동경하고 부러워도 하고, 때로는 자신과 견주어 시기하고 질투한다. 나 역시 당연히 그런 경험이 있고, 그런 순간은 지금도 문득문득 찾아온다. 잘하는 이를 향해 박수치던 손이 잠시 망설여지는 순간, 앞서 걷는 이를 바쁘게 쫓아가다 밑도 끝도 없이 그가 원망스러운 순간, 추구한 적 없는 기회임에도 박탈당한 듯

얼토당토않게 억울한 기분이 드는 순간들이 그렇다.

그런 감정은 내가 꼭 그 자리에 서고 싶어서라기보다는 나의 깜냥으로는 아무리 노력한들, 들이는 시간에 대해 충분히 보상받지 못할 거라는 불안에서 오지 않나 싶다.

**그들만큼 노력했느냐고, 또는 할 것이냐 묻는다면 아니라고 대답할 거면서, 제 주제를 모르고 저 깊은 곳에서 속삭임이 들린다. 그들이야말로 노력이 아닌 걸, 재능인걸? 이쯤 되면 이건 '정의'와 '공평'의 문제라고!**

"욕망을 주셨으면 재능도 함께 주셨어야죠!" 라고 부르짖는 연극 「아마데우스」의 살리에리 대사는 그런 맥락에서 공감이 된다. 피아노를 치는 손, 그림을 그리는 손은 애초에 없이, 그저 듣는 귀와 보는 눈만 가졌더라면 마음 편하게 즐기는 관객이 되었을 것을. 커다란 욕망을 뒷받침할 수 없는 소소한 재능만 받은 탓에 질투와 질시가 생기는 걸 어찌하겠느냐고.

연극 「아마데우스」와 영화 「아마데우스」는 동명의 희곡을 바탕으로 하였지만 끝부분은 연극과 영화가 많이 다르다. 영화에서는 살리에리가 결박된 정신병동 환자들을 보며 교만한 표정으로 "평범함은 어디에든 있다. Mediocrities everywhere."며 비웃고, 휠체어를 타고 지나가며 한 명마다 "너의 죄를 사하노라.I absolve you."고 하는 장면 위로 모차르트의 깔깔대는 웃음이 깔리면서 끝난다. 살리에리의 패배가 확정되는 순간이요, 모차르트의 편에서는 권선징악 결말 같은 느낌이었다. 이에 비해 연극에서는 노년의 살리에리가 다시 젊은 살리에리가 되어 거리를 지나는 이 사람 저 사람에게 "평범한 당신을 용서합니다."라고 두서없이 외치는 것으로 마무리되었다. 그 말은 마치 "평범한 당신을 이해합니다. 나도 그런 사람이니까요."로 들려 나는 연극에서의 메시지가 더 강렬했다. 동조할 수 있어서.

20년도 더 전, 버클리 대학의 작은 미술관에서 본 작품이 있다. 항상 사람이 없던 곳이었는데, 하루는 뜻밖에도 북적였다. 웬일인가 보니 렘브란트의 스케치 전시회였다. 신나서 무리와 함께 관람한 후 상설전시관으로 올라갔다. 그러면 그렇지, 평소처럼 개미 한 마리 없이 조용했다. 그런데 처음 보는 작품 하나가 눈에 띄었다. 가죽 채찍이었다.

원형의 막대 채찍에는 2센티 정도 폭의 납작한 가죽 띠가 여럿 달려 부채꼴로 가지런히 펼쳐져 있었다. 가까이 다가가 들여다보니 가죽 띠 끄트머리에 황금판이 부착되어 있었다. 거기에 적힌 건 다름 아닌 미술 대가

들의 이름이었다. 대가들에 대한 선망과 경외가 얼마나 달콤하면서도 혹독한 채찍 같았으면 이런 작품을 만들었을까 싶었다. 그러던 중 렘브란트의 이름이 눈에 띄었다. 숨이 턱, 막히며 가슴이 먹먹해졌다. '고작' 스케치 전시회임에도 바글대는 아래층과는 달리 관람객이 나밖에 없는 상설전시장의 현장 상황이 대가와 견준 무명 작가의 위치를 어쩌면 그렇게 고스란히 반영하는지 실소마저 나왔다. 스스로를 수없이 채찍질했음에도 닿을 수 없었던 대가들의 경지에 무명작가가 느꼈을 경외, 질시와 좌절을 함께 느끼며 그의 '진열된 패배'를 한참 바라봤다.

그러고 보면 꼭 천재나 대가에 견주지 않더라도 살리에리같이 평범한 우리 역시 각자 그런 가죽 채찍을 하나씩 품고 사는 게 아닐까 한다. 좋은 작품을 보며 행복해하고 내 작품에 대한 상상을 키우다가도 문득문득 스스로의 기량에 한숨짓는다.

그래서 앞서 있어도 뒤에 있어도, 당신을 질시하는 나, 나를 질시하는 당신, 무수히 많은 우리는 그렇게 **평범함으로 엮여 있다.** 모래사장의 수많은 모래알같이 말이다.

우리 모래알들은 하나하나가 눈에 띄지는 않더라도,

어느 운 좋은 한순간만은 찬란한 태양의 힘에 기대 잠시 반짝이는 순간이 찾아오기도 한다. 그렇게 모여서 빛나는 모래사장을 이루니, 집단으로써 우리도 나름의 영원을 빚어내는 게 아닌가 한다. 그런 의미에서, 천재들만 영원한 건 아니라며 우리들의 평범함에도 '영원'이라는 거창한 단어를 붙여본다.

**영원한 평범.** 오늘도 조용히 번갈아 반짝이는 우리를 응원하며 꿋꿋하게 창작하는 모두에게 갈채를 보낸다.

# 시지프스의 돌
상실

얼마 전, 친구 하나가 오른발을 잃고 재활하며 6개월을 보냈다는 포스팅을 SNS에 올린 걸 보고 가슴이 쿵 내려앉았다. 이게 무슨 말인가, 놀란 가슴으로 사진 하나하나를 천천히 보며 친구가 사진에 달아둔 글을 읽었다.

'포스팅'은 환자복을 입고 병상에서 엄지를 치켜든 사진으로 시작되었다. 뭉툭한 오른쪽 정강이에 붕대를 감고 앉아 있는 모습, 그리고 목발을 짚은 모습으로 이어졌다. 운동은 물론, 여행과 산 타는 것도 좋아하는 '울끈이불끈이' 친구인데, 어떡하나…. 뭐라고 할까? 뭐라고 댓글을 달면 좋을까? 위로, 격려의 말들을 떠올려봤지만, 친구가 당한 불가역적인 사건 앞에서 '언어'라는 매체가 한없이 부족하고 가볍게 느껴졌다. 착잡한 마음으로 사진을 계속 넘기니 친구가 의족을 차고 가족과 밝게 웃는 모습이 나왔다. 낙천적인 성품인 게 참 다행이다 싶었다. 마지막을 장식한 건 재활운동 동영상이었다. 거울을 바라보며 두 손을 맞잡은 영상 속의 친구는 걷기만 해도 장하다 할 텐데, 웃는 얼굴로 스쿼트를 하는 게 아닌가! 의족이면 발의 감각이 없어 지면을 양발의 균일한 힘으로 눌러야 하는 스쿼트가 쉽지 않을 터다. 얼마나 노력했을지 뭉클했다. 그 모습까지 보고 나니 안심이 되기는 했지만, 한편으로는 그렇게까지 극복한 후에야 글을 올린 친구의 마음이 읽히는 듯했다.

뭐라 할까 고민하며 다른 사람들의 댓글을 보니, 유감이다, 존경한다, 너는 영웅이다 등이 대부분이었다. 그들도 얼마나 말을 고르고 골랐을까, 싶으면서도 나는 친구를 여느 때처럼 대해야겠다 싶었다. 한참을 고민한 끝에 나는 "너 정말 멋져 보인다! You look absolutely awesome!"라고 적었다. 그게 사실이었으니까.

우리는 많은 걸 당연하게 여기면서 살아간다. 타고난 육체의 항상성을 건강이라고 통칭해보면, 능력치를 불문하고 가지고 있던 신체 기능을 잃는 건 참 우울한 일이다. 우리가 이제 그런 나이야, 라고 쉽게 이야기하는 노화에 따른 기능의 저하가 그렇고, 앞서 친구의 경우처럼 상상도 못 한 일이 갑자기 닥치기도 한다. 내 경우, 가장 최근에 겪은 '상실'은 왼쪽 손목의 기능이었다.

심증으로는 코로나 백신 부작용인데, 억울하거나 말거나 내가 끌어안고 살아야 하는 내 몫이 된 왼쪽 손목의 통증이 생긴 지 1년 반이 넘었다. 몇 달간 호전된 시기도 잠깐 있었지만 일삼아 다닌 정형외과의원, 대학병원, 한의원에서 공통적으로 이제는 만성이 되어 쉽게 낫지 않을 거라고 들었다. 컴퓨터 앞에 앉아 있는 시간이 많고 평소 손쓰는 일을 좋아하는 나로서는 상당히 난처한 일이다. 하지만 어쩌랴, 단기간의 집중적인 치료로 나아질 수 없으니 최대한 일상에서 왼손을 아끼는 수밖에.

그런데 가만 보니 백신 탓만 할 게 아니었다. 그간 내가 정교한 일은 오른손이 해야 한다는 생각으로 힘쓰는 일은 모두 왼손에 시켜왔다는 걸 깨달았다. 예를 들어, 요리할 때 후라이팬은 왼손으로 들고 오른손으로는 젓가락이나 뒤지개를 잡았고, 하루에도 수시로 여닫는 무거운 이중창이나 냉장고 문은 왼손으로 열고 오른손으로는 가벼운 고리를 풀거나 물건을 꺼낸 식이었다. 그간 차별받아온 내 왼손에게 미안해졌다. 그리고 한 줄기 희망이 보였다. 일을 아예 안 해서 아낄 수도 있지만 왼손이 할 일을 오른손이 하도록 해도 되는 것 아니겠는가! 그래서 요즘은 최대한 힘돌이 왼손과 재주꾼 오른손의 일을 바꿔주고 있다. 물론 그리하다 보면 영 불편해서 의기소침해지기도 한다. 그럴 때면 뉴욕의 화가 할아버지를 떠올리며 가라앉은 인내심을 길어 올린다.

뉴욕 맞은편 지역인 호보큰에서 살 때, 주말이면 파스텔 그리는 '세션'을 다녔다. 그런 세션들은 보통 주최자가 모델 섭외와 장소를 제공하면 각자 가져간 재료로 알아서 그리는 방식이었다. 100년도 넘는 역사를 가진 내셔널 아트 클럽National Arts Club에 간 적도 있었다. 그 건물에는 고동색 우드톤의 인테리어에 파스텔로 그린 명화풍의 그림이 여기저기 걸려 있어 영화에 나오는 유럽의 유서 깊은 학교를 떠올리게 했다. 연세가 매우 많은 할아버지 화가분이 세션 진행자였다. 세션비를 걷고 모델을 준비시키고 사람들에게 이젤의 위치 등을 알려준 후 함께 자리를 잡고 그림을 그렸다. 누가 봐도 심한 류마티스가 있던 그 분은 고부라진 오른손에 파스텔을 쥐고, 더 고부라진 왼손으로 오른쪽 손목을 잡았다. 심하게 떨리는 오른손을 왼손이 돕지 않고서는 그림을 그릴 수 없기 때문이었다. 달달 떨리는 손인데도 불구하고 그 세션에 참석한 누구보다도 그림을 잘 그렸고, 그림에는 깊이가 있었다. 쉬는 시간이면 사람들에게 그림에 대해 조언도 했다.

친구도 그렇고, 할아버지 화가도 생각하면, 어쩌면 할 수 있던 일, 또는 노력으로 할 수 있게 된 일들을 하나씩 내려놓는 길 다음에는 다른 방식으로 같은 일을 해내기 위한 도전이 있는지도 모르겠다. 기껏 이룬 걸 내려놓고 다시 처음부터 밀어 올려야 하는 게 딱 시지푸스의 돌 이야기를 떠올리게 하지만, 어쩌겠는가. 안 그러면 심심한 걸. 그걸 해야 '나'인 걸.

# 쉿, 눈으로 말해요
고립감

 고단한 오전이었다. 가장 먼저 손주 육아에 들어서게 된 친구를 위한 선물을 다른 친구 하나와 함께 사려고 나온 백화점이었다. 오랜만에 신경써서 옷도 챙겨 입고 화장도 하고 나왔는데 웬걸, 담이 들었다며 장소를 정한 친구가 못 나온단다. 약속 시간이 임박해 받은 통보라 더 맥이 빠졌다. 해외에 사는 다른 두 친구의 몫까지 합쳐서 사는 선물인데, 모두의 짐이 오롯이 내 어깨에 남겨진 것도 못마땅했다.

 혼자 아기용품과 주방용품 코너를 세 바퀴 돌고 나서야 선물을 결정할 수 있었다. 손바닥에 쏙 들어가는 크기의 앙증맞은 신발, 장난감 같은 손으로 움켜쥘 인형,

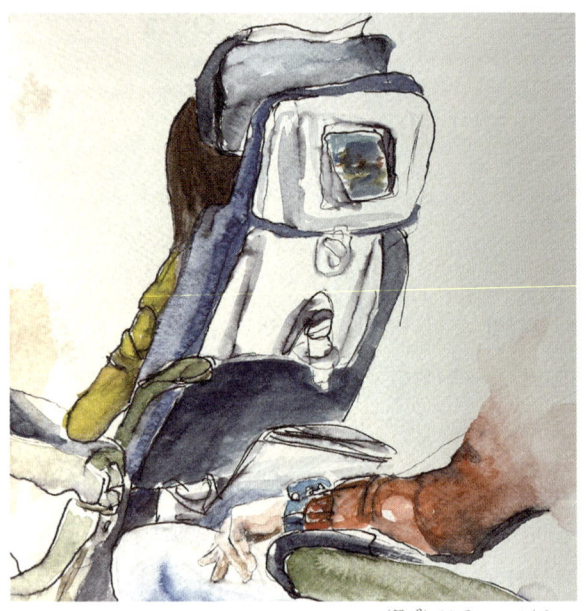

〈무제〉 10.5cm x 14.8cm

석 달쯤 지나 입힐 보드라운 봄 스웨터까지 샀다. 아이템 세 개를 담고 나니 쇼핑백이 제법 묵직했다. 배가 고팠다. 예전 직장 근처라 주변 맛집을 모르는 건 아니었지만 어쩐지 옛 직장 동료들을 마주칠 수도 있겠다 싶었다. 막상 보면 반가울지 뜨악할지 모를 것 같았다. 분명한 사실 하나는, 이 시간에 쇼핑백과 함께 '혼밥' 하는 모습을 보이고 싶지는 않다는 것. 차라리 지하 식품관이 낫겠다, 백화점을 나서려다 말고 발걸음을 돌렸다.

지하 식품관은 예상외로 북적였다. 아직 12시 전인데도 불구하고 이미 시작된 직장인들의 점심 전쟁 풍경이 당황스러웠다. 어떻게 이렇게 이른 시간에? 밥 먹는 사람 바로 뒤에서, 또는 두어 발자국 거리를 두고 매서운 눈길로 줄을 선 무리에 섞여 자리를 맡고 음식을 받아오는 건 불가능해 보였다. 솔직하게는 내가 초라할 듯 싶었다. 배는 몹시 고팠지만, 그냥 집에서 먹겠다는 생각으로 출구로 향했는데, 마침 칼국수 식당에 자리가 나는 게 보였다. 메뉴야 뭔들 어떠랴, 다급하게 종종대며 걸어갔다.

좌석은 두 종류, 옆 테이블과 공용으로 사용하는 벤치석과 맞은 편의 개별 의자였다. 나는 벤치석에 앉으며 쇼핑백도 내 옆에 두었다. 주문한 칼국수는 금방 나왔다. 국수를 두어 젓가락이나 먹었을까, 옆 테이블 사람들이 일어났다. 쇼핑백 때문에 좌석이 좁아졌을 옆 테이블에 좀 미안했던 터라 그들이 일어난 게 내심 반가웠다.

그런데 복잡한 점심시간 아닌가. 곧바로 정장에 재킷 차림의 작은 여자 하나가 다가왔다. 지갑과 핸드폰만 들고 온 품이 근처 직장인임이 분명했다. 40대 후반으로 보이는 그녀는 옆 테이블 빈 의자에 들고 온 코트를 걸쳤다. 카운터에서 주문을 하고 돌아와서는 코트를 내 옆 벤치석으로 옮기고 의자에 자리 잡았다. 그렇게 우리는 대각선으로 마주 보는 위치가 되었다. 모르는 사람끼리 으레 그렇듯, 눈길을 서로 예의 바르게 비꼈다.

그때, 나보다 나이가 더 들어 보이는 여인 한 명이 다가왔다. 내 앞에서 서성댔다. 피곤한 얼굴로 내 앞의 빈자리를 물끄러미 보곤 맞은 편의 40대 여자 앞으로 가서 어정쩡한 몸짓으로 벤치에 무채색 패브릭 배낭을 놓았다. 말 한마디 없이 자기 코트를 둔 자리에 합석하려는 여인의 등장에 40대 여자는 깜짝 놀란 듯했으나 곧바로 일어났다. 코트를 벤치 좌석에서 들어 아까처럼 자기 의자에 걸쳤다. 허둥대서인지 코트가 바닥에 끌렸다. 40대 여자는 다시 코트를 둘둘 말아 등 뒤에

받쳤는데, 불편한지 다시 접어 의자에 걸었다 들었다 어쩔 줄 몰라 했다. 다소 부산한 그녀를 관찰하던 나와 눈길이 마주쳤다. 나는 가만히 그녀에게 눈짓으로 내 앞의 의자를 가리켰다. 내 무언의 신호에 잠시 긴가민가 망설이던 그녀는 고개를 꾸벅하곤 코트를 내 앞 의자로 옮겼다. 내가 다시 칼국수에 집중하려는데, 1분이나 지났을까, 이번에는 내 옆자리 여인이 왠지 좌불안석, 두리번거리는 게 느껴졌다. 그때, 40대 여자가 여인에게 말을 걸었다.

"그거(버저) 여기 테이블 코너에 두시면 가져다 줘요. 번호 보고 직접 가지러 가지 않으셔도 돼요."

아하! 옆자리라 표정이 보이지는 않았지만 여인은 미소를 짓지 않았을까? 어쨌든 비로소 우리 셋은 그렇게 평안을 찾았다.

칼국수는 자리 잡은 순서대로 나왔다. 40대 여자의 칼국수가 곧바로 나왔고 10분 정도가 지나 여인이 칼국수 쟁반을 받았다. 여인은 받자마자 40대 여자에게 김치 그릇을 내밀었다. 조그맣게 들릴락 말락 뭐라고 했다. 자기는 안 먹는다는 말이 아니었나 싶었다. 40대 여자는 꾸벅, 감사하다고 했고, 둘은 사이좋게 국수를 먹기 시작했다.

그들이 식사를 즐긴 지 얼마 안 지나서 이번에는 내가 난처해졌다. 한참 먼저 시킨 탓에 식사를 다 마쳐버린 것. 느리게 먹을 걸 그 생각을 왜 뒤늦게서야 했는지 내 그릇은 거의 비어 있었다. 피크타임이 되자 비교적 한산했던 이 매장에도 젊은 직장인들이 줄을 서고 있었다. 하이에나 같은 눈초리로 다 먹어가는 사람들을 일어나라고 독촉했다. 눈초리에 쪼이지 말고 일어나서 가면 그만인데, 내가 자리를 내주면 40대 여자가 코트를 둘 자리가 없어질 터였다. 그녀들의 식사를 망치고 싶지 않다는 마음이 일었다. 그래, 내가 잠시 욕을 먹더라도 이들의 점심시간을 지켜주자고 생각했다. 그렇게 결심하니 어쩐지 회사 다닐 때 내가 선배와 후배를 지키기 위해 중간에서 다른 팀과 싸워주던 때가 떠올랐다. 비난과 독촉의 눈길은 무시하면 그만, 차분하게 친구들에게 오늘 산 선물에 대해 '톡'으로 공유하며, 때때로 곁눈질로 내 옆 테이블의 식사 진도를 확인했다. 그런데 희한하게도 어쩐지 40대 여자는 내 의도를 알아챈 듯했다. 그녀의 수저가 바빠졌다. 부지런히 식사를 한 40대 여자는 식판을 정리하며 자기 맞은편의 여인에게 "먼저 일어나겠습니다."라고 인사했다. 그리고 내 맞은편 좌석에서 코트를 집으며 내게 눈짓과 고갯짓으로 고맙다고 했다.

그녀가 자리를 뜬 후 나도 일어났다. 다 먹은 쟁반을 반납하고, 물 한 모금을 했다. 다시 백화점 출구로 향하는 길에 식사를 마쳐가는 여인과 눈맞춤 인사도 했다. 나가며 생각하니 제대로 된 대화 한번 없었음에도 셋이 한 팀이 되어 점심을 먹은 게 재밌었다. 어쩌면 그날 우리는 '과거', '현재', '미래'의 내가 만나 점심을 한 것이었는지도 모르겠다.

따로 또 같이
열길 바닷속
맹꽁이의 안전한 하루
너 바보지? 그치?
만리장성 원정대
여기 식사도 되나요?
12시간, 틱톡틱톡
이야압!
아름다운 청년
파리에서 꽃을 사다

# 경험주의자로 사는 법

〈무제〉 49cm x 40cm

겁이 무척 많은데도 선택의 갈림길에 서면
매번 두려움 대신 호기심에 이끌렸다.
빼도박도 못할 상황을 자초해
어디서부터가 도전인지 모호할 때도 있지만….
누군가에게는 주저함을 딛는 영감이 되기를
슬며시 바란다.

⟨Hope⟩ 29cm x 21cm

# 따로 또 같이
뉴질랜드에서 번지점프하기

MBTI 유행이 식을 줄을 모른다. 나는 이런 사람이라고 드러내는 것보다 T, J, I 식으로 기호화하여 성격의 복잡성을 함의로 부드럽게 전달하는 효과도 있는 것 같고, 한편으로는 일종의 은어로서의 재미를 주는 작용도 해서 그런 게 아닌가 한다. MBTI의 네 가지 성격 구분법 중 가장 기본이 되는 게 I와 E의 구분인데, '회식 발랄'한 나는 놀랍게도(?) I다. 에너지를 외부 세계와의 소통에서 받는 외향형 'E'xtroversion과는 달리 자기 내면의 고요와 성찰이 있어야 '건전지'가 충전되는 내향형 'I'ntroversion인 탓에 혼자만의 시간이 필요하다. 친한 관계는 둘째치고 함께 사는 가족한테도 물리적인 내 공간과 내 시간을 확보하려는 성정이니 남과 24시간 붙어 지내는 단체 생활이 힘든 건 당연지사. 막연하게는 알았지만, 이런 내 성향을 깨달은 건 대학교 시절 친구들과 함께 갔던 뉴질랜드 2주 여행에서였다.

호주 교환학생 기간을 마치며 나랑 잘 맞는 싱가포르, 말레이시아 친구들과 각자의 나라로 돌아가기 전에 뉴질랜드를 가보자 했다. 나로서는 가족 아닌 사람들과 하는 첫 장기 여행이었다. 선택한 코스를 따라 여러 도시를 기간 내에 자유롭게 버스로 이동할 수 있는 여행상품이었는데, 여행 1주일쯤 지나 북섬의 분화 호수인 레이크 타우포로 이동할 때였다. 탑승한 승객들에게 '원스톱' 1인 여행사 역할을 하는 운전기사가 다음 도시 일정 예약을 위해 돌린 설문지에 번지점프와 스카이다이빙이 있었다. 친구들 모두 둘 다 한다는데 나는 둘 다 싫다고 했다. 높은 거, 빠른 거 등 무서운 게 많은 탓도 있지만 실은 다른 이유도 있었다. 친구들과 잠시라도 좀 떨어져서 혼자 있고 싶었다.

유스호스텔에 체크인하고 다음 날이 되어 친구들은 번지점프와 스카이다이빙을 하러 모두 떠났다. 혼자 숙소에 있으니 조금 쓸쓸하기는 했지만, 한편으로는 그 공백이 묘하게 안락하게 느껴졌다. 왜 아무도 없는 게 이토록 좋은지 의아했고 한편으로는 괜히 미안했다.

한갓진 게 좋은 것도 잠시, 하루를 그냥 보낼 수는 없어서 운전기사가 추천한 하이킹 코스를 가보기로 했다. 코스는 숙소 바로 앞에서 시작되었는데, 들어서자마자 바로 숲이었다. 숲길을 따라 걷다 보니 얼마 안 가 조용하다 못해 고요한 게 살짝 긴장됐다. 이렇게나 사람이 없다고? 방금 전까지 혼자인 게 좋구나, 한 건 까맣게 잊고 경치를 보고 즐기기는커녕 인기척을 찾아 괜히 두리번거렸다. 걸음은 자연스레 빨라졌다. 저 앞에 어떤 사람이 가는 걸 보곤 길동무가 있으면 그래도 덜 무섭지, 하며 발걸음을 서둘러 쫓아갔다. 민소매 티를 입은 여자는 키가 큰 백인이리 유럽 사람이 아닐까 짐작했다. 내가 따라오는 소리를 들었는지 여자가 뒤돌아봤다.

짧고 탁한 금발 곱슬머리에 붉은색 스카프를 헤어밴드처럼 이마 위로 동여맨 커스틴은 독일에서 왔다고 했다. 남편은 두고 혼자 여행 중이라는데 그 이유가 흥미로웠다. 결혼한 직후에는 취미도 함께 하고, 여행도 같이 다니고, 남편과 모든 걸 함께 했단다. 그런데 어느 순간부터 재미가 없어지며 할 이야기도 점점 줄어들더라고. 그래서 남편과 상의해 방도 각자 쓰고 가끔은 휴가도 따로 다니기로 했단다. 각자의 시간을 따로 다양하게 갖기 시작하니 서로의 일상이 다시 궁금해지고,

관계가 풍성해졌다며, 이 여행도 그렇게 혼자 온 거라고 웃었다. 그 이야기를 들으니 내가 여행하는 동안 왜 친구들과의 대화가 점점 줄어들었는지, 오늘 아침에 혼자 있게 된 게 왜 그리 기뻤는지 알 것도 같았다.

커스틴에게 지금 친구들은 모두 번지점프를 하러 갔는데 무서워서 나만 혼자 안 갔다고 하니, 커스틴이 바람을 불어넣었다.

"내가 같이 가줄까? 가서 보고 결정해도 좋지 않겠어? 나도 번지점프대 구경은 하고 싶어."

그래, 여기까지 왔는데, 번지점프대가 어떻게 생겼는지 한 번 보기라도 하자, 싶었다. 또, 어쩌면 먼저 간 친구들이 번지점프 하는 거를 볼 수 있지 않을까 기대도 되었다.

그렇게 얼마간을 더 걸어서 도착해보니 번지점프 하는 사람은 안 보였지만, 커다란 안내판이 있었다. 농담조의 문구로 번지점프대는 47미터 높이며 지금껏 사고가 한 번도 없었단다. 커스틴이 앞장서 들어가 어떻게 진행되는지 문의했다. 여러 설명 끝에 직원은 자랑하듯, 원하면 떨어질 때 물에 담가줄 수도 있다기에 내가 잘못 들었나 했다. 직원은 세계에서 가장 청정한 물이라며 계속 친절하게 꼬드겼고, 커스틴은 자기야 나이가 많아 엄두를 못 내는 거지 내 나이면 하겠다며 옆에서 거들었다. 둘의 협공에 내 귀가 팔랑였다. 친구들이 '같이 하자'고 했을 때는 왠지 집단의 경험에서 소외되지 말라며 등 떠미는 듯해 거부감마저 들었는데, 커스틴이 꾀는 건, '지금 안 하면 나중에 후회할지 몰라'라는 지혜로운 말로 들렸다. 그래도 혹시 만에 하나, 물에 담기기 싫다고 해도 빠뜨리면 어쩌나 두려웠다. 나가서 다시 아래를 봤다. 청정한 물이라더니 과연, 내 시력이 나빠서 안 보이는 거지 속이 다 들여다보이도록 맑은 듯했다.

'그래, 이런 물이라면 빠져 죽어도 기분은 안 나쁘겠구나.'

하겠느냐 따라 나와서 묻는 직원에게 고개를 끄덕였는데, 번지점프를 마칠 때까지 옆에 있어 줄 것 같던 커스틴이 뜻밖에도 자기는 멀리서 응원하겠단다. 배신감을 느낄 새도 없이 다시 제 갈 길을 가는 커스틴을 보며 다시 혼자가 된 나는 그 여행에서 했던 체험활동 중 가장 큰 비용을 냈다.

직원은 나에게 헬멧과 하네스 안전벨트를 채운 후 번지점프대로 데려갔다. "잠깐만!"을 외치는 나를 침착하고 친절하게(?) 몰아서 허공 앞에 세워놓더니 머리 위로 팔을 쭉 뻗어 두 손을 꼭 쥐란다. '원, 투, 쓰리, 번지!'라는 구호를 자기가 외치면 나무막대처럼 그대로 앞으로 쓰러지듯 뛰어내리라는 거다. 말이 쉽지, 다리가 후들거려 세 번을 내리 주저앉자 직원의 얼굴에서 격려의 웃음이 가셨다. "이번이 마지막 시도입니다. 못하면 환불 없습니다."라며 경고했다. 울락말락하는 아이가 달래줄 사람이 있는지 확인하고서야 울음을 터트리는 것처럼, 직원이 야멸차게 비빌 언덕을 거둬 완전하게 혼자가 되니 되레 결심하기가 쉬웠다. 지난 몇 달간 이 여행을 위해 생활비를 한 푼 두 푼 아꼈던 순간들도 떠오르며 오기마저 발동했다.

"원, 투, 쓰리, 번지!"

에라 모르겠다, 그냥 죽자, 생각하며 앞으로 그대로 쓰러졌다.

그런데 우와 세상에나. 무서울 거라 각오는 했지만, 번지점프가 진짜 무서운 순간은 뛰어내리는 순간도 아니요, 떨어지는 순간도 아니었다. 정말 무서운 순간은 탄성력에 의해 다시 올라갈 때였다. 경치를 보기는커녕 눈 감은 채 목이 터져라 비명 지르기를 한참, 얼마나 남은 건가 궁금해 실눈을 살짝 뜨는 순간 갑자기 줄이 풍 튕겼다. 그러더니 황당하게도 내가 뽈뽈뽈뽈 다시 올라가는 게 아닌가. 짧아 보여도 체험하면 꽤 긴 시간이라 그동안 생각을 할 수 있었다.

'아, 지금 올라가고 있는 높이만큼 다시 떨어지겠구나!'

올라가는 동안은 기가 막혀서 목소리가 안 나왔는데, 다시 떨어지니 또 비명이 나왔다. 그렇게 올라가는 동안 조용히 무서워하다 떨어지면서 비명 지르기를 몇 차례 반복하니 점차 올라가는 높이와 떨어지는 높이가 줄어들었다. 안도감과 함께 정신이 들면서 내 머리와 물 사이의 거리가 보였다. 아까 '물에 빠뜨려 줄까?'라는 말에 고개라도 끄덕였으면 이렇게 거꾸로 매달려 물까지 먹었겠구나, 아찔했다. 번지줄이 마침내 진정되자 주황색 고무보트 한 대가 천천히 다가왔다. 기진맥진한 나를 누에고치처럼 받아 내려 산들바람 부는 호숫가에 풀어주었다.

저녁이 되니 아침 일찍 번지점프를 하고 오후에 스카이다이빙까지 한 친구들이 지쳐서 돌아왔다. 혼자(?) 보낸 하루 덕분에 에너지 충만한 나는 친구들에게 자랑스럽게 번지점프에서 받은 사진을 보여줬다. 친구들은 깜짝 놀랐다.

"너도 이걸 했어? 게다가 혼자?"

나는 신이 나서 친구들에게 나의 모험담을 술술 풀어놓기 시작했다.

# 열길 바닷속
### 호주에서 스쿠버 다이빙 배우기

바닷속이 난리다. 작년 말, 10년만에 간 태국에서 스노클링하며 본 광경은 실망을 넘어 기괴한 충격이었다. 알록달록한 산호밭 사이를 노니는 오색의 물고기를 보러 간 건데, 회색으로 죽어가는 산호만 지천으로 깔려 물고기도 많지 않았다. 옛날만 못한 체력 때문에 열길 바닷속에 다니던 시절을 아득하게 추억만 한 게 여러해다. 언제 다시 갈 수 있으려나 했는데, 이제 바다가 파괴되어 누구도 못 보게 되는 건 아닌지 걱정스럽다.

나는 호주 교환학생 중에 스쿠버다이빙 기본과정인 오픈워터 자격증을 땄다. 싱가포르 친구 하나가 호주에 온 김에 스쿠버다이빙 자격증을 따겠다고 한 게 발단이었다. 그런 자격증이 있는 줄도 몰랐는데, 듣고 보니 자유형을 못해서 그렇지 어린 시절, 이라크에서 배운 개구리헤엄 덕에 수영에 자신 있었고, 무려 4미터 깊이였던 수영장에서 언니와 바닥짚기 잠수까지 곧잘 했으니, 나도 할 수 있겠다 싶었다. 하지만 세계적인 다이빙 성지인 그레이트 배리어 리프에서 배울 계획이라는 친구의 말에 금세 주눅이 들었다. 빠듯한 예산의 교환학생이었던지라 그 정도의 과외 활동비는 없었다. 그래서 언젠가는 하고 싶은 일로 마음에만 품었다.

그러던 어느 날, 학교 게시판에 스쿠버다이빙 레슨에 대한 광고가 붙었다. 뜻밖에도 매우 저렴했다. 연락해보니 두 번의 주말에 걸쳐 하는 강습인데 보트 비용도 없고 식사도 제공하지 않아 저렴한 듯했다. 잽싸게 등록한 후 몇 주가 지나 드디어 기다렸던 주말이 왔다.

강사는 봉고차를 끌고 와서 사람들을 주욱 태웠다. 차를 타고 두 시간쯤 달려 도착한 곳은 해변이 내려다보이는 다이브 샵 겸 집이었다. 그토록 풍광 좋은 장소에 집 한 채만 있는 게 신기했다. 수업은 쉬는 시간도 거의 없이 빡빡하게 진행됐다. 수중에서 사용해야 하는 수신호, 사용할 장비, 감압과 같은 안전에 대한 규칙 등을 배우고 시험까지 본 후 마무리되었다. 강사는 각자 방을 골라 짐을 풀라고 했다. 가구가 삐그덕댈 것 같은 허름한 방이었다. 가방을 던져두고는 저녁 먹으러 다 같이 다운타운에라도 가려나, 궁금해하며 거실에 나갔는데, 어머나? 이미 누구는 샌드위치를, 어떤 이는 감자 칩을 먹고 있는 거다. 두리번거리는 나를 본 강사가 먹을 거 안 싸 왔느냐 물었다. 주변에 나가서 사 먹으면 될 줄 알았노라 실토하니 강사도 당황했다. 부엌에 들어가더니 낮은 그릇에 담긴 스튜와 빵 하나를 나에게 건넸다. 다들 들으라는 듯, "특수 상황이라 내 저녁 나눠주는 거야."라고 큰 소리로 얘기했다. 분명히 음식 제공 안 한다 했는데 다른 학생들의 불만이 생길까 그랬겠지만, 어찌나 창피하던지. 하지만 망신스러운 저녁은, 맛있었다! 다음 날 시험 대비로 교재를 펼쳐 공부하니 강사는 디저트라며 아이스크림까지 슬쩍 건넸다. 물론 그것도, 맛있었다!

두 번째 주말이 되어 수영장에서 하는 실기 시험까지 본 후 드디어 바닷속에 들어가는 날, 우리는 모두 긴장해 절벽 위에서 장비를 착용했다. 꽤 무거운 산소통까지 멘 후 기다란 핀오리발을 들고 줄줄이 한 명씩 해변으로 조심조심 계단을 내려갔다. 작은 해변이었지만 바다로 걸어 들어가는 과정은 생각보다 고되었다. 한 발 들어갈 때마다 얼마나 더 깊이 들어가게 되는지 알 수 없어 무서운 와중에 균형을 잡아 핀까지 신어야 했다. 우리는 강사를 의지해 바닷속으로 들어갔다. 레저 다이빙이라고 하는 입문자용 오픈 워터 자격증의 입수 깊이는 18미터까지라 그게 최대 수심이 될 터였다.

**'후욱후욱, 슈욱슈.'**

잔뜩 겁먹은 내 가쁜 숨소리가 크게 들렸다. 물속에서 최대한 오래 시간을 보내려면 숨을 천천히 쉬어 공기를 아껴야 하는데…. 게다가 모두 같이 들어갔다 함께 나오는 게 규칙이라 내가 공기를 가장 빨리 소진해 민폐가 될까 걱정되었다. 호흡을 간신히 진정시키고 나니 물속에는 의외로 먹먹하고 고요한 소리가 있었다. 열대 바닷속 광경이 그제야 눈에 들어왔다. 중성 부력의 힘으로 수중에서 둥둥 뜨니 물고기들은 지켜보는 우리를 아랑곳하지 않고 각자 제 할 일을 했다. 돌아다니는 놈, 산호초 사이를 헤집고 들어앉아 있는 놈, 뭔가를 쪼아 먹는 놈 등 다양했다. 그걸 지켜보노라니 『해리포터』에 나오는 투명 망토를 두르고 외계의 이웃 행성으로 관광 간 기분이었다. 가장 경이로웠던 순간은 강사가 돌멩이를 주워 커다란 바위를 땅땅 두들겼을 때였다. 몇 차례 바위를 두드리자 어디선가 60센티미터는 족히 되는 커다란 그루퍼가 다가와 강사의 손에서 먹이를 받아먹는 게 아닌가! 나중에 강사가 이야기하기를, 그 물고기를 그렇게 길들이는 데 3년이 걸렸단다.

그럭저럭 첫 다이빙은 성공적으로 마쳤는데, 미처 생각지 못한 마지막 난관이 있었다. 시작할 때 내려온 계단을 다시 올라가야 한다는 것(!).

다이빙은 체력의 소모가 생각보다 매우 큰 스포츠다. 산소통은 산소가 차 있든 비었든 무게가 똑같지만 내 에너지는 산소통이 비워질 때 함께 소진됐다. 녹초가 되어 물에서 나오니 산소통이 두 배는 더 무거워진 느낌이었다. 한 발 한 발, 이를 악물고 계단을 오르다 그만 다리가 풀렸다. 나도 모르게 무릎을 털썩 꿇었다. 한 명씩만 다닐 수 있는 작은 폭의 계단에는 짚고 일어설 난간도 없었다. 내 뒤로 지친 사람들이 줄줄이 올라오고 있는 것도 난처했지만 무엇보다 양쪽 무릎을 꿇은 굴욕적인 모양새를 벗어나고 싶었다. '일어나야 해'라고 되뇌었지만, 몸이 머릿속에 갇힌 느낌이었다. 고개를 떨군 채 속으로만 버둥대던 그때, 갑자기 몸이 붕 떴다. 뒤따라오던 거구의 아저씨가 내 상태를 알아채고 나를 번쩍 들어 세운 거였다.

강렬했던 그날은 꽉 끼는 잠수모에 얼굴이 찌부러져 원숭이같이 나온 못난이 사진과 주민등록증 크기의 자랑스러운 PADI 오픈워터 다이빙 자격증으로 남았다.

그 후 나는 고급과정인 어드밴스드Advanced 자격증도 따고 호주, 태국, 필리핀 등 열대 바다에서의 스쿠버다이빙 여행을 혼자서 여러 차례 다녔다. 바닥에 내팽개쳐진 듯 누워 있던 해삼, 산호초에서 얼굴을 빼꼼 내밀던 색색의 열대어들과 공기 방울을 먹으려 내 머리 위로 날던 가오리, 찬 물살과 함께 갑자기 나타나 머리를 쭈뼛 서게 한 상어까지 설레는 장면들을 눈과 마음에 담았다. 보트 난간에 앉아 손으로 마스크를 누르고 뒤로 고꾸라져 입수할 때 내던 용기, 내 커다란 물속 숨소리를 진정시켜 먹먹한 고요를 들을 때의 성취감, 수평으로 몸을 띄워 바다와 한 몸이 되었을 때 찾아오는 편안함도 마음 깊이 간직했다.

주변에 스쿠버다이빙 하는 게 나뿐이라 충분히 해봤으니 이제 미련 없다고 몇 해 전 미국에서 돌아오며 장비를 처분했는데, 스노클링으로 엉망이 된 바닷속을 보고 나니 되레 스쿠버다이빙을 다시 가고 싶다는 열망이 생겼다. 어쩌면 완전히 사라지기 전에 다시 생생하게 눈에 담고 싶어서인지도 모르겠다. 다른 어디서도 느낄 수 없는 '비현실적'인 열길 바닷속 경험을 다음 세대의 아이들도 마음껏 도전하여 맛볼 수 있기를 두 손 모아 바란다.

# 맹꽁이의 안전한 하루
### 방콕에서 툭툭 관광하기

 어떤 맹꽁이 같은 대학생 여자 '애'가 처음으로 태국 여행을 갔단다. 맹꽁이는 마음이 들떠 함께 가는 친구보다 출발을 이틀이나 먼저 했다. 숙소 위치는 여행자들의 거리라고 불리는 카오산 로드, 모험 가득한 배낭여행에의 동경이었다. 전 세계에서 온 여행객들이 정보를 주고받는다니, 저도 현장에서 부딪혀 보겠다는 심산이었단다.
 도착해서 기세 좋게 숙소를 나온 맹꽁이는 그러나, 혼잡한 거리 모습에 몇 발 떼지도 못하고 정신이 아득해졌다. 어찌해야 할지 몰라 두리번거렸다. 그 모습을 본 하얀 셔츠 차림의 태국인 남자 하나가 맹꽁이에게 다가와 유창한 영어로 말을 걸었다. 맹꽁이는 친구가 올 때까지 혼자라는 이야기를 술술 털어놨다. 남자는 주변 구경도 시켜주고 방콕에 대해 알려주마고 가이드를 자처했다. 선선히 따라나선 맹꽁이를 남자는 말라빠진 개들과 불손한 눈을 한 고양이들이 있는 작은 동네 사원으로 데려갔다. 남자는 관광객만 가는 큰 사원 말고 현지인이 가는 사원들을 꼭 가보라 했다. 특히 럭키Lucky사원을 추천한다고. 만났던 장소로 다시 데려다주면서는 툭툭 고르는 법도 알려줬다. 번호판 색이 중요한데 개인이 운영하는 노란색 툭툭은 사기를 잘 치니 반드시 정부가 운영하는 하얀색 번호판을 타란다. 사람을 조심하라는 남자의 말에 무서워진 맹꽁이는 숙소 옆 식당에서 저녁을 먹고 일찍 잤다.

다음 날 아침, 관광하겠다며 맹꽁이가 길을 나섰다. 즐비하게 늘어선 툭툭꾼들이 맹꽁이를 앞다투어 불렀지만, 아무것도 모르던 어제의 맹꽁이가 아니었다. '배운' 맹꽁이였다! 당당하게 노란색 번호판은 외면하고 하얀색 번호판 툭툭을 찾았다. 호객 행위 없이 물끄러미 바라만 보던, 가느다란 왼쪽 다리를 절뚝이는 청년을 선택해 와불이 있는 사원으로 가자고 했다.

그저 행선지를 말했을 뿐인데 툭툭 청년은 갑자기 세상에서 가장 슬픈 표정이 되었다(?). 청년이 말하길,

일 년에 딱 하루, 와불 사원이 문을 닫는 공휴일이 있는데, 하필 그게 오늘이란다. 어쩔 줄 몰라 하는 맹꽁이에게 그는 지도를 보여주며 설명했다. 근처 이쯤에 럭키 사원이라는 데가 있는데, 현지인만 가는 사원이라고. 맹꽁이는 전날 하얀 셔츠 남자가 럭키 사원을 추천했던 걸 용케 기억해냈다. 이런 게 바로 여행의 묘미라고 뿌듯해하며 툭툭에 올랐다.

'부다다다-' 툭툭이 출발했다. 매캐한 공기를 들이마시며 매연이 걱정되었지만, 다행히 오래지 않아 툭툭이 멈췄다. 사양해도 사진을 찍어주겠다며 한사코 맹꽁이를 따라간 청년은 사진 두 장을 똑딱 찍어주곤 저쪽 길을 따라가 구경하라는 말을 남기고 툭툭으로 돌아갔다.

모자도 없이 타박타박, 안내받은 길을 따라 걸어간 맹꽁이는 더웠다. 앞에 나타난 반가운 정자에는 반소매 티셔츠를 입은 남자가 앉아 있었다. 예의가 바른 맹꽁이라 앉아도 되는지 묻고 팔 하나쯤의 거리에 자리를 잡았다. 심심했던지 남자는 맹꽁이에게 어디서 왔고 어디로 가는지 물었다. 맹꽁이가 대답을 망설이자 자기에게도 맹꽁이만 한 자식이 있다며 다가앉아 지갑에서 가족사진을 꺼내 보여줬다. 맹꽁이의 마음과 입이 열렸다! 맹꽁이는 내일 친구와 피피섬으로 이동해 스쿠버다이빙을 하고, 말레이시아 쿠알라룸푸르에 가서는 열여섯 살부터의 펜팔 친구를 처음으로 만날 것이며, 조호바루 친구네를 거쳐 싱가포르에 갈 예정이라고 자랑했다. 남자는 깜짝 놀라며 '싱가포르? 너는 운이 정말 좋구나!'라더니 이번에는 명함을 꺼냈다. 자기가 싱가포르에서 보석상을 하는데, 일 년에 한 번 있는 태국의 보석 세일 기간이라 출장 온 거란다. 보석을 사서 자기 샵에 오면 여행비에 보탤 수 있게 값을 두 배로 쳐주겠단다. 보석 고르는 법을 알려주며 정부 인증서를 강조했다. 싱가포르에 오면 꼭 들르라는 말을 남기고 그는 자리를 떴다.

사원 구석구석을 둘러본 후 맹꽁이는 툭툭으로 돌아갔다. 카오산 로드로 돌아가겠다고 하자 툭툭 청년이 머뭇거렸다. 근처 쇼핑센터에서 주유 쿠폰을 주는데 잠시 들렀다 가면 안 되겠냐다. 삼십 분이면 된다며 사정하는 걸 마음 약한 맹꽁이는 거절하지 못했다. 부다다다 탕탕, 툭툭이 달렸다. 그런데 올 때와는 달리 막히기는커녕 쌩쌩 달렸다. 길에서는 아까의 매연 대신 흙먼지가 날렸다. 삼십 분이 넘어가자 맹꽁이는 언제 도착하느냐 소리쳐 물었지만, 안 들리는지 청년은 대꾸가 없었다. 얼마간을 더 달려 도착한 곳은 휑한 곳에 건물만 하나 덜렁 있는 아담한 가게였다.

환한 얼굴로 향긋한 차를 내온 가게 아주머니는 갖은 옷감과 원단 샘플을 펼쳐 보였다. 5분가량 이야기를 듣고는 안 산다며 맹꽁이가 일어서자 이번에는 아저씨가 보석 진열대로 불렀다. 오늘이 보석 50% 세일 마지막 날이란다. 정부 인증된 보석만 판다며 증명서를 맹꽁이 눈앞에 펄럭였다. 맹꽁이는 보석을 만지작거렸다. 이걸 사서 두 배에 팔면, 몇 달간 아르바이트해 모은 여행비를 상당 부분 보전할 텐데, 욕심이 살랑살랑 일었다. 하지만, 이런 낭패가 있나, 현금 대부분은 숙소에 있었다. 사고 싶은 맹꽁이와 팔고 싶은 주인 내외가 한마음으로 안타까워했지만, 어쩌랴. 도리가 없었다. 맹꽁이가 안녕을 고하고 나오니 해는 이미 뉘엿뉘엿 지고 있었다. 청년은 가게로 들어갔다가 어두운 낯빛으로 나왔다.

툭툭은 한 시간 반을 캄캄한 길을 달려 카오산 로드에 도착했다. 하루종일 다녔으니 얼마를 주랴 묻자 청년은 사원까지만의 금액을 불렀다. 쇼핑센터야 자기가 가자 한 거니 이치에는 맞았지만 따라다닌 시간에 비해 너무 적다 싶어 더 주겠다 해도 딱 그만큼만 받았다. 숙소에 돌아간 맹꽁이는 얼굴과 손을 씻었다. 까만 물이 두 번 세 번을 씻어도 계속 나왔다. 저녁도 먹지 않고 맹꽁이는 그대로 기절한 듯 잤다.

드디어 한국에서 친구가 오는 다음 날, 친구를 만나기 전에 맹꽁이는 와불 사원에 다시 도전하기로 했다. 전날 함께 다녀준 툭툭 청년을 찾았지만 만나지 못했다. 아쉬워하며 다른 하얀 번호판 툭툭에 눈을 돌렸다. 조금 교활해 보이는 인상이었지만, 그래도 하얀색이니 안심해도 된다 생각하며 행선지를 말했다.

그때였다. 아저씨가 갑자기 세상에서 가장 슬픈 얼굴이 되는 게 아닌가(!). 이어 설명하기를 와불 사원은 쉬는 공휴일이 일 년에 딱 하루 있는데, 그게 하필이면 오늘이란다. 럭키 사원이라는 데가 있다며 아저씨는 지도를 꺼내 들었다.

사람이 죽으면 인생 전체가 주마등처럼 스쳐 지나간다더니 그 순간 맹꽁이의 눈앞에 그 전날 하루가 한꺼번에 지나갔다. 친절했던 툭툭 청년과 다정했던 싱가포르 보석상, 마음씨 좋은 가게 주인 내외, 도착 첫날 만났던 하얀 셔츠 남자까지. 세상 선한 미소를 흘리는 그들을 떠올리며 맹꽁이 팔에는 소름이 돋았다.

맹꽁이는 그 길로 뒤돌아 친구가 올 때까지 숙소에 처박혔다. 결과적으로는 경제적인 손해도 물리적인 위해도 당하지 않았지만, 시간을 낭비 당했던 전날 하루를 복기했다. 생각할수록 자기 하나 속이자고 그렇게

나 여러 명이 여러 장소에서 공조한 게, 그들의 작전이 기가 막히고 코가 막혔다. 한편으로는 온종일 공들이고 애썼는데 허탕 친 청년은 얼마나 애가 탔을까, 그래서 가게에서 나올 때의 표정이 어두웠던 건지, 마지막에 돈을 더 받지 않은 건 일말의 양심이었는지 궁금했다. 그리고 어쨌거나 안전하게 돌려보내 준 그들에게 감사한 마음마저 들었다.

그날 오후, 사흘 만에 만난 친구를 마치 일 년 만에 만난 듯 반가워하는 맹꽁이를 보고 친구는 어안이벙벙해했다. 친구에게 주변을 안내하는 맹꽁이는 조금은 사나워져 있었고, 방콕 '생활'에 대해 묘한 자신감이 생겨있었다. 안전했던(?) 하루 동안 '키'가 두 뼘은 큰 맹꽁이였다.

⟨Furiosa⟩ 47cm x 31cm

# 너 바보지? 그치?
### 미국에서 운전면허 따기


 남들은 쉽게 하는 것 같은데 나에게만 유난히 어려운 게 있기 마련이다. 나는 운전이 그렇다. 대학교 4학년, 여름방학을 앞두고 운전면허를 따야지 생각했다. 학원은 멀었고, 실기수업 대기실은 무척 더웠으며, 운전 실습은 어렵고 무서웠다. 열심히 준비했으나 첫 번째 시험은 실패. 코스 실습부터 다시 등록해야 한다는데 어느 천년에 코스 시험을 붙고 주행시험을 치러 운전면허증을 받을지, 까마득했다.

 그러던 차에 알게 된 반가운 정보가 있었다. 출처가 기억 안 나는 걸 보면, 운전면허 따는 게 얼마나 어려운지 내가 동네방네 하소연하고 다니던 중에 누군가 지나가는 말로 툭 던진 말임이 틀림없다. 미국 운전면허는 정말 쉬워서 일주일이면 누구나 따며, 심지어는 그걸 별도 추가 시험도 없이 한국 면허로 전환해 준다는 거다(!). 그게 사실이라면 마침 고모가 샌프란시스코에 계시니 취직하기 전에 미국 여행도 할 겸 3주 정도 다녀오면 되겠다고 생각했다.

과외 아르바이트를 학기 중에는 한두 개, 방학 때는 서너 개씩 해 온 데다 마지막 학기에는 파트타임으로 일주일에 이틀씩 근무도 했던 터라 경제적 자유는 있었다. 곧바로 추진력을 발휘해 여기저기 조율하고 고모한테는 면허를 따러 가겠노라며 좋은 운전 강사를 알아봐 주십사 부탁드렸다. 미국에 도착해서도 또 알아서 척척, 1주일 후로 시험 일자를 잡고 2주차부터는 라스베가스를 시작으로 하는 여행을 위해 항공과 숙박을 알아보기 시작했다.

그 당시 고모는 인형의 집같이 생긴, 샌프란시스코 특유의 색색깔 빅토리아풍 주택들이 있는 거리에서 작은 건강식품점을 운영하고 있었다. 아담한 가게에 들어설 때마다 상큼한 비타민과 각종 허브 의약품 향기가 코를 간질였다. 도착한 다음 날 오후, 외모마저 찰리 브라운을 닮은 땅딸한 중국인 아저씨 '찰리Charlie'가 가게 문을 열고 들어왔다.

찰리는 이민 1세대 특유의 문법적 오류와 억양이 섞인 영어를 구사하는, 행동과 표정이 약간 성마른 홍콩계 미국인이었다. 고모가 나를 소개하자 찰리는 차를 가리키며 먼저 가 있으라고 하곤 고모와 이야기를 나눴다. 말 잘 듣는 아이처럼 조수석에서 기다렸는데 찰리가 다가오더니 이상하다는 듯 나를 빤히 쳐다봤다. 나더러 왜 거기 앉아 있느냐고 물었다.

나는 당연히 운전하기 쉽고(평평하고) 안전한(차가 없는) 곳으로 데려가 운전대를 넘겨주겠거니 생각하고 조수석에 앉은 건데, 찰리는 나더러 지금 바로 차를 몰라는 거다. 그것도 롤러코스터마냥 위로 아래로 굽이굽이진 샌프란시스코에서! 내가 왜 이런 말도 안 되는 상황을 자초한 것인지 후회가 밀려왔으나 이미 엎질러진 물이었다. 다행히 찰리는 조수석에 강사용 브레이크가 있다며 눈이 뎅그래진 나를 다독이고 안심시켰다.

그걸 시작으로 일주일 동안 나는 찰리와 매일 샌프란시스코를 누볐다. 샌프란시스코는 대도시 이미지와는 달리, 비즈니스 디스트릭트를 제외하고는 삭고 다양한 마을town의 집합체다. 미기후microclimate라 날씨가 골목마다 언덕마다 변화무쌍하고 그에 따라 형성된 자연환경도 다르다. 환경 못지않게 문화도 다채롭다. 그런 수많은 다양함을 파란 하늘과 수시로 펼쳐지는 환상적인 바다가 바늘 실이 되어 퀼트 짜듯 엮은 게 샌프란시스코다. 긴장으로 손에 땀이 나는 운전을 하는 내 눈에도 그런 풍경들이 자연스레 들어왔는데, 그때마다 찰리는 나를 홍콩 배우 톤으로 혼냈다.

"딴 데 정신 팔지 말고 속도 올려!"

그러던 어느 날, 내가 이제 적응을 좀 했나 싶었는지 차가 많은 '대로boulevard'를 가보자고 찰리가 말했다. 큰길로 나가보니 과연, 대로에는 온 사방에 차가 다녔다. 넓디넓어 한눈에 다 들어오지도 않을뿐더러 각종 안내판, 신호등에 옆차, 앞차, 뒤차까지, 봐야 하는 게 어찌나 많은지 정신을 차릴 수가 없었다. 좌회전 신호를 기다리며 잠시 숨을 돌리는데, 광활한 사거리 맞은편의 대기하는 차들에 시선이 꽂혔다. 일렬로 줄지어 선 차들의 모습이 마치 영화에서 레이싱 대결 직전에 붕붕거리며 기다리는 것만 같았다. 엉뚱한 상상에 겁이 점점 증폭되고 있는 나의 딱한 사정은 모른 채, 찰리는 창문을 열고 밖을 보며 조그맣게 느긋한 콧노래를 불렀다. 이윽고 신호가 바뀌고 찰리가 말했다. "출발."

그래, 좌회전 신호니까 이렇게 액셀레이터를 밟고, 좌회전. 붕~.

그때까지 단 한 번도 그런 적이 없었는데, 찰리가 갑

자기 달라졌다. 내가 쥔 휠을 확 잡아채는 게 아닌가. 당황하고 어리둥절한 나에게 혼비백산한 찰리가 목이 터져라고 고래고래 소리를 질렀다.

"You stupid, not stupid? Ah? You stupid?"

문법은 엉망이었지만, 덕분에 뜻은 오히려 더 명확했다.

"너 바보야, 아니야? 응? 너 바보지? 그치?"

내가 멀리서 차가 달려오는 역방향 차선으로 대차게 들어갔던 것. 찰리는 붉어진 얼굴로 씩씩대며 차를 길가에 세웠다. 그날 어떻게 돌아왔는지는 기억에 없다.

각설하고, 안타깝게도 나는 일주일 만에 운전면허를 따지 못했다. 첫 시험은 운전면허장을 빠져나가지도 못하고 허망하게 탈락하여 나의 라스베가스 여행이 무산됐고, 2차 시도에서도 실패했다. 찰리는 내가 면허를 못 딴채 돌아갈까 봐 급기야 나의 운전면허를 미션으로 삼았으니, 무료 강습까지 추가해가며 찰리와 나는 열과 성을 다해 운명의 세 번째 시험을 준비했다. 잡힌 시험 날짜는 거짓말처럼 한국에 돌아가기 하루 전이었다. 최선을 다했다고 판단하면 차분해지는 성격이라 시험장에 데려다준 찰리의 응원도 담담하게 받고 세 번째 운전면허시험을 치렀다. '거참, 이분은 주행시험을 참 길게 하시네.' 조금씩 초조해지기 시작했다. 휘황찬란한 네일아트를 한 흑인 시험관은 평가지를 긴 손톱으로 톡톡 쳤다. 잠시 조용히 고민하는 듯하더니, "pass"란다! 나보다 찰리가 더 기뻐했던 그날, 반짝거리는 플라스틱 운전면허증 대신 A4 반 장 크기의 종이 쪼가리 임시면허증을 받고는 잠시 서운했지만, 그래도 정말 어찌나 다행이었는지.

그 후, 1년간의 우여곡절 끝에 대한민국 운전면허증을 손에 쥐고 나서도 나의 운전 연수 기행은 끝나지 않았다. 왕복 20분 거리를 뱅뱅 도는 연수를 일주일이나 받질 않나, 몇 년 뒤 미국 유학하며 다시, 한국에 돌아와서도 한번, 미국에서 일하게 되었을 때 또 등, 한국과 미국을 오갈 때마다 100여 시간은 받았지 싶다. 그래도 아주 바보는 아니었는지 요즘은 이만하면 운전 잘한다는 말도 가끔 듣는다. 하지만 천성이 겁보라 여전히 조수석이 더 '내 자리' 같은 건 어쩔 수가 없다. 그래서 정말 너무나 궁금한 게 있다. 도대체 완전한 자율주행차는 언제쯤 나오는 걸까?

# 만리장성 원정대
시마타이 하이킹

 살다 보면 미안해해야 하는지, 아닌지 잘 모르겠는 일들이 가끔 생긴다. 까무룩 잊고 있던 걸 불쑥 남이 꺼내어 보여주기도 한다. 얼마 전, 싱가포르에서 친구가 오며 오랜만에 베이징 어학연수 당시에 함께 있던 사람들이 모였을 때였다.
 "누나, 저 그때 말을 못 했는데 내가 정말 오늘 여기서 죽는구나, 했다니까요!."
 후배가 대뜸 웃음을 터뜨리며 말했다. 아아, 그랬었지. 잊고 있었는데, 만리장성.

 경영대학원을 마친 후, 본격적인 직장생활 전에 중국에서 어학연수를 한 동기가 여럿 있었다. 우리는 주말마다 가고 싶은 데를 생각나는 대로 돌아가며 제안했는데 중국 땅이 좀 큰가, 가고 싶은 데가 누구나 넘쳤다. 나는 만리장성이 보고 싶었다. 다만, 관광객이면 대부분 가는 팔달령八達嶺 만리장성은 사진으로 보니 사람이 바글대는 모습에 가고픈 마음이 안 들었다. 그런데 가만 생각하니 길이가 '만 리'인 만리장성을 볼 장소가 팔달령 한 곳일 리가 없지 않겠나 싶었다. 인터넷을 찾아보고는 곧바로 사마대Simatai 만리장성에 '꽂혔다'. 사람도 많지 않을뿐더러 어찌나 대단한지 세계문화유산이란다. 만리장성 갈 거면 여기로 가야 한다고 동기들에게 이야기하니, 두 명이 손을 들었다. 그걸 시작으로 두 동기의 연인과 친구, 마침 그때 싱가포르에서 출장오는 내 친구, 차량 섭외를 도와준 후배까지, 금세 일곱 명이 모였다. 며칠이 더 지나자 함께 가기로 한 친구들이 어찌된 일인지 자기가 시마타이 간다는 게 소문이 났단다(네가 퍼뜨렸겠지!). 어학연수 반 친구가, 자기 회사 동료가 끼고 싶다는 통에 한 명씩 오라고 하다 보니 최종인원은 톨킨의 반지원정대보다도 많은 열 명이 되었다.

베이징에서 사마대 만리장성까지는 130킬로미터, 당일치기 여행인지라 아침 일찍 모였다. 나만 인원의 절반 정도를 알지, 나머지는 각자 아는 사람이 한두 명씩이라 분위기는 흡사 여느 패키지여행 같았다. 마음 가볍게 출발했는데, 이런, 도시를 빠져나가 한창 달리던 검은 색 봉고차가 느닷없이 고속도로에서 아예 멈춰 서서 한참을 꿈쩍 안 했다. 일정이 지체될 새라 마음을 졸이던 중에 중국인 운전사가 내려서 알아보고 돌아왔다. 땀 흘리며 돌아온 그는 사람 좋게 씩 웃으며, 누가 죽었단다(!). 별일 아니라는 듯 태연한 대답에 더 묻지 못하고 더운 차 안에 갇힌 채 시간은 흘렀고, 우리는 계획보다 한 시간쯤 늦게 도착했다. 이윽고 도착한 사마대 만리장성은, 내 예상보다도 사람이 더 적었다.

복원을 안 해 '날것 그대로'의 성벽 하이킹을 서너 시간 하게 된다는 사마대 만리장성은 옛 모습을 고스란히 간직하고 있었다. 성벽을 따라 여러 개의 망루를 차례차례 오르는 길이었는데, 올라갈수록 돌무더기마냥 성벽이며 망루가 여기저기 무너져 있었다. 까마득한 낭떠러지가 훤히 보이는 곳조차 복원한 흔적이 없었다. 고대의 유적지를 방문한 탐험가가 된 기분마저 든다고 일행 중 하나가 재잘댔다. 처음에 시작할 때는 그래도 관광객이 우리 말고도 몇은 있었고, 우리끼리 도란도란 대화도 오갔는데 중반쯤 지나 비가 오기 시작하며 조용해졌지 싶다. 성벽의 돌바닥은 젖으니 미끄러울뿐더러 경사마저 갈수록 예사롭지 않았다. 그래서 인지, 사람이라고는 망루에서 마주치는 경비 외에는 우리밖에 없었다. 경치로 유명하다지만 숫제 두손 두 발로 기어가기까지 하는 마당이 되니 그야말로 장대하게 푸르르거나 말거나였다. 솔직히 너무 힘들어서 그만 내려가고 싶다는 생각마저 들었다. 여러 차례 뒤돌아봤는데, 그때마다 누구 하나 힘들다는 소리 없이 어찌나 열심히들 따라오던지. 그러니 가장 앞에 있는 내가 어떻게 먼저 꽁무니를 빼겠는가! 그래도 그날 마지막 꼭대기(?) 망루에서 찍은 유일한 단체 사진을 보면, 어색함은 간데없이 제각각 활기찬 포즈로 활짝 웃는 게 모두 즐거운 시간이었음이 틀림없었다.

게다가 나에게는 정말 무서운 경험이었을지언정, 다른 사람들은 좋아했던 플라잉폭스Flyingfox라는 이름의 짚라인도 있었다. 지금까지도 본 중에 가장 긴 짚라인이었는데, 1000미터 높이의 망루에서부터 드넓고 푸른 호수 위를 가로질러 출발한 곳까지 한 번에 내려갈 수 있었다. 짚라인의 등장에 일행 모두 환호했지만, 나는 웃음을 잃었다. 겁이 많아 평소라면 망설임 없이 '나는 못 한다' 했겠지만, 뾰족한 수가 없었다. 플라잉폭스를 타지 않으면 비에 젖어 미끄러운 길을 다시 되돌아 기어 오르내려야 하는데? 그 와중에 같이 간 남자 사람 친구는 자기와 함께 타잔다. 겁에 질린 나를 배려해주는 건가 했는데, 내 속도 모르고 둘이 타면 무게 때문에 속도가 빨라져 더 재밌을 거란다(!). 함께 온 네 연인과 타라고 하니 그 친구는 남자 둘이 타기에는 안전이 불안할 것 같아 싫다고 했다나. 으응? 망설이는 틈에 일행은 하나둘씩 플라잉폭스에 몸을 실었고, 나와 친구만 남았다. 모험 추구형 친구의 간절한 눈빛에, 우리는 함께 출발했다.

"으아아아악! 왓후우우우!!!!!"

내 긴 비명과 친구의 환호가 동시에 허공을 갈랐다.

내가 큭큭대며 그 여행의 기억을 되짚는 사이 막걸리가 한 잔 더 돌았다. 새 막걸리를 받은 싱가포르 친구가 가만히 말을 꺼냈다. 자기도, 실은 그간 말 못했는데, 그날 여행 시작부터 사람이 죽었다는 운전사 말이 어째 좀 불길하다 싶었단다. 천 길 낭떠러지를 옆에 두고 성벽마저 다 무너져 안전망 하나 없는 좁디좁은 미끄러운 길을 기어올라가면서는 어찌나 무서웠는지 여행을 따라나선 걸 수없이 후회했다나? 그뿐인 줄 아느냐, 지금도 자기 친구들에게 중국 만리장성에서 짚라인을 타고 내려온 이야기를 하면 다들 정신이 나갔었느냐고 한단다. 후배가 또 말을 받았다. 자기도 그 당시에 짚라인 이야기를 중국 친구들에게 하니 거긴 위험해서 중국 사람들도 안 간다고 했다며 뒤늦게 내게 아우성이다.

나는 그래도 내 덕에 잊지 못할 추억이 생긴 게 아니냐, 짚라인도 안전했겠지! 항변해놓고는 집에 돌아오는 길에 플라잉폭스를 검색했다. 순간 내 팔과 목뒤에는 오소소 소름이 돋았다.

**무덤까지 가져간다는 비밀이 나에게도 하나 생겼다.**

# 여기 식사도 되나요?
### 여자 혼자 국내여행

비구니 스님의 목소리에 잠을 깨어보니 깊은 밤이었다.

"엄마는 괜찮아. 새벽 배로 섬에 들어갈 거야. 절에 숨을 거니까 걱정하지 마."

나지막한 속삭임에서 두려움이 묻어났다. 내가 깰까 싶었는지 목소리가 잦아들었고 나도 덩달아 숨을 죽였다. 얇은 이불 아래에서 꼼짝달싹 못 한 채 있자니 자연스레 그날 만났던 과정이 복기됐다.

스님은 그날 오후, 땅끝마을에 가려면 어디서 하차해야 하는지 버스 기사에게 묻는 내게 자기를 따라 내리라 했었다. 내려서 두리번거리자 숙소를 안 정했느냐 문고는 자기 방을 쓰라며 따라오라고 했다. 종교인에 대한 막연한 신뢰가 있던 어리석은 나이는 스님이니 객을 재워줄 수 있는 어느 절이라도 있나 보다 싶었다. 그런데 웬걸, 스님은 자기는 잠시 눈만 붙이고 갈 거라 아까워서 그런다며 정류장 앞 민박집으로 데려갔다. 당시에는 이메일로 예약했으면 모를까 현장에서는 발품을 팔아 숙소를 구해야 했는데, 주변에 그 민박집 외에 별다른 대안이 있어 보이지 않았다. 저녁 시간이 되기도 했겠다, 내가 그러면 대신 저녁 대접을 하겠노라 했다. 함께 간 식당에는 채식 메뉴가 될 만한 비빔밥이 있지만, 스님이 주문한 건 뜻밖에도 갈치구이. "스님이신데 그런 걸 드셔도 돼요?"라고 묻는 내 말에 스님은 웅얼거리며 얼버무렸다. 그러고 보니 그때 스님의 눈빛에서 속세인의 '꾀'가 느껴졌던 거 같다.

  자식과 통화하는 스님의 목소리는 점점 작아졌다. 내용이 들리지는 않았지만 내가 알아서 좋을 게 없을 사연일 터, 나는 몸이 뻣뻣해지도록 긴장했다. 자는 척을 하다 보니 진짜로 잠이 들었고, 아침에 일어나보니 스님은 이미 사라진 후였다. 일면식도 없던 사람과 방을 같이 쓸 정도로 겁이 없으면서 손톱만큼의 상식은 있었는지 나는 가장 먼저 배낭을 확인했다. 평소 출장 때면 신발도 두세 켤레, 화장품도 종류별로 다 챙기는데 아침에 "여행 다녀올게요."하고 나온 그날은 옷만 몇 벌, 중요한 건 지갑뿐이었다.

다행히 도난당한 건 없었지만 스님 사건을 겪고 나니 맥이 탁 풀려 땅끝마을에서 배를 타고 들어가 보길도 관광을 하겠다던 생각이 싹 사라졌다. 다음 행선지로 생각해둔 보성차밭으로 가기로 했다.

애써 찾아간 차밭은, 엄청 더웠다. 그래도 차밭을 한 번 걸어는 봐야지, 관광객들에 섞여 나섰는데 걷다보니 어느 순간 커플 하나가 내 뒤를 따라오는 모양새가 되었다. 광고에서 봤던, 푸르른 고랑을 따라 여유롭게 걷는 모습을 상상했건만, 이상하게 차밭은 계속 오르막이었다(!). 게다가 경사도 의외로 상당했다. 뒤돌아 내려갈까 생각도 해봤으나 가파르고 좁은 길에서 계속 따라오는 눈치없는 커플을 피해 내려갈 재간도 없을 성싶었다. 계속 갈 밖에, 달리 방도가 없었다. 미끄러져 넘어지지 않도록 땅만 내려다보고 걸으며 생각했다.

**'올라가다 보면 언젠가는 끝이 보이겠지, 끝이 보이겠지.'**

힘겹게 기어 올라가다시피 해 마침내 차밭의 능선에 올라섰다. 한숨 돌린 후 커플은 어찌하고 있는지 뒤돌아보니 어이없게도 커플은 어느새 다른 평평한 고랑에서 차밭을 여유롭게 거닐며 사진을 찍고 있었다. 그러고 보니 내가 한 발 한 발 오르는데 집중하느라 보지 못한 여러 갈래의 길이 보였다. 문득 사람 사는 것도 비슷하지 않을까 생각이 들었다. 지금 당장 걷고 있는 길을 벗어나지는 못하더라도 하루하루를 성실하게 보내면 방금처럼 마침내 올라설 거고 그때는 못 보던 다른 길도 보이는 게 아닐까. 또, 길이 하나라고만 생각해 미련하게 꾸역꾸역 올라갈 게 아니라 주변을 둘러보면 다른 길로도 갈 수 있을지도 모른다는 생각이 들었다.

이런저런 생각에 복잡해진 머리로 내려와 점심을 먹으러 들어간 식당은 붐볐다. 혼자 온 눈치가 좀 보이던 차에 어떤 여자분이 합석하자고 했다. 그녀는 나보다 열댓 살쯤 많아 보였는데, 초등학교 선생님이었다. 선생님 특유의 긍정성이 넘치는 그녀는 혼자 온 여행이라며 오후를 함께 다니잔다. 알고 보니 그분도 대책 없이 온 여행이라 정해진 숙소도 행선지도 없었다. 우리는 더 못 걸을 때까지 그냥 무작정 걷자고 했다. 길에서 만난 여자 둘이 함께 계획 없이 걷는다는 게 어쩐지 '낭만적'이라며 우리는 깔깔 웃었다.

길을 나서서 삼십 분을 채 안 걸었을 때 다원이 나왔다. 더운 날이었다. 누가 먼저랄 것도 없이 우리는 안으로 들어갔다. 시원해지니 다시 편안해졌다. 이번에 처음으로 하는 '나 홀로 여행'이라며 경험담을 이야기하던 그녀는 자신이 오늘 아침에 다녀온 율포해수욕장을 가보라 권했다. 나도 바다를 좋아하니 그게 좋겠다 싶었다. 이제 우리 목적지는 버스 정류장이 되었다. 우리는 불과 한 시간 전에 지쳐 떨어질 때까지 걷자 의기투합했던 건 뻔뻔하게 묻어둔 채 지나가는 차들을 향해 팔을 뻗고 엄지를 치켜세웠다. 오래지 않아 어떤 마음 좋은 커플이 태워준 차를 타고 버스 정류장에서 내려 우리는 헤어졌다.

버스를 잡아타고 율포해수욕장에 도착해서는 바로 해변으로 나갔다. 반나절 동안 '뚜벅이 나 홀로 여행' 동지를 만나 용기를 재충전했던 터라 다시 느긋하고 자유로운 기분이었다. 햇볕이 내리쬐는 모래사장에 잠시 앉아 보니 좋았다. 근처에서 숙소를 구해야지, 생각하며 둘러보는데 물과 간식을 파는 아주머니가 보였다. 인상이 좋아 보이기에 다가가서 물을 사며 이 동네 어느 민박집이 좋은지 물었다. 아주머니는 뜻밖에도 자기도 민박을 한다며 따라오란다. 이번 여행에는 유독 따라오라는 사람이 많다고 생각하며 따라나섰다.

아주머니의 집은 민박이라는 간판조차 없는 일반 주택이었다. 좀 이상하다고 생각하며 들어서니 아주머니가 2만 원만 내면 된다며 방문을 열었다. 방에는 뜻밖에도 할머니 한 분이 누워 있었다(!). 그 작은 방 안의 물건들로 보아, 할머니가 그 방의 주인임이 분명했다. 아주머니가 할머니에게 덤덤하게 말했다.

"어머니, 여기 손님 줘야 해. OO 방으로 좀 건너가세요."

당황한 나와는 달리 할머니는 익숙한 듯 아무 말 없이 몸을 일으켜 방을 나갔다. 나는 어이가 없었지만 황당한 김에 아주머니에게 물었다.

**"저, 혹시 여기 식사도 되나요?"**

# 12시간, 틱톡틱톡
싱가포르에서 F1 관람하기

　일찍 가는 사람, 늦는 사람, 그리고 제시간에 '딱' 맞추는 세 종류의 사람이 있단다. 그런데 안타깝게도 나는 가장 후자의 경우다. 뭐 대단한 데 시간을 쓴다고 자투리 시간이 안 생기도록 참 열심히도 뛰어다닌다. 이동 시간을 빠듯하게 잡고 바삐 움직여 1분도 안 남기고 정확하게 약속 시간에 도착할 때면 희열(?)마저 느낀다. 그걸 '성공'으로 여기는 못된 습관이요, '일찍 가는 사람'인 아빠에게 수도 없이 혼난 시간관념이지만, 그 덕분에 '모험담'이 된 12시간의 여정도 있었다.

　발단은 싱가포르에서 걸려 온 친구의 전화였다. 평소라면 페이스북 메신저나 할 애가 웬일인지 금요일 아침에 전화하더니 뜬금없이 이번 주말 자기 회사 행사에 와달라고 했다. 사정인즉슨, 싱가포르 F1 그랑프리 레이싱 대회에 회사 VIP 고객들을 매년 초대하는데, 오기로 했던 사람들 여럿이 갑작스레 못 온다고 통보했단다. 행사장이 텅 비게 생겨 회사에서는 난리가 났다고, 급한 마음에 일단 '외국인'이고, 모르는 사람들 사이에 앉혀놔도 뻔뻔하게 알아서 즐길 내가 생각났단다. 자기는 고객들을 챙겨야 해 내내 나 혼자 알아서 놀아야 하지만 마리나 샌즈 베이 호텔에 투숙도 시켜주겠다며 유혹했다. F1 레이싱이라니? 관심은 없지만 본 적도 없으니 어쨌거나 새로운 경험이었다. '호기심 천국'에서 자란 한쪽 마음이 동동 뛰기 시작했다. 반대편 '걱정 마을'에 사는 마음은 제동을 걸기 위해 불쑥 일어났다. 월요일 아침 9시에는 무슨 일이 있어도 몸이 회사에 와 있어야 하는 데 가긴 어딜 가!

다투는 두 마음을 달래며 계획을 담당하는 머리는 이미 항공편을 찾았다. 아침 6시에 인천에 도착하는 항공편이라… 이거면 출국장을 나와 택시 타는 데까지 40분, 공항에서 집이 50분, 출근 준비 20분, 집에서 회사가 30분, 여유(?) 시간 40분. 이 정도면 해 볼 만한데? 도전? 그래, 도전!

싱가포르에 도착해 호텔에 짐을 놓고 바로 행사장에 가니 친구가 나를 맥없이 맞이했다. 자포자기한 표정으로 행사장이 휑하다며 번쩍거리는 은색 패킷을 건넸다. 다음날 티켓도 주겠다는 걸 하루면 족할 거 같다고 사양했다. 커다란 패킷을 뜯으니 으리으리한 입장권이 나왔다. 친구 회사의 부스는 호텔 행사장 같이 꾸며져 커다란 화면이나 통창을 통해 경기를 볼 수도 있고, 문 바깥 관람석에서 볼 수도 있었다. 음식과 와인을 무제한 서빙하는 스텝까지 있는 호화로운 공간인데 행사를 기획한 친구가 정말 난처했겠구나 싶었다.

하지만 신기한 건 잠시, 이런 건 내가 아니라 내 남동생이 왔으면 좋았겠다는 생각이 들었다. 레이싱도 스포츠라 게임 규칙을 알아야 즐길 수 있는데, 정보 책자를 봐도 해설을 들어도 뭐가 뭔지 알 수 없으니 영 재미가 없었다. 그래도 자리를 채운다 했으니 금방 나가기도 뭐하고, 이걸 어쩐다 생각하며 바깥으로 나갔다. 후덥지근했다. 다시 들어갈까 생각하는데 곧 지축을 뒤흔드는 소리가 다가왔다.

**부아아아앙. 부아아아앙. 쉐에에엑. 씨이이이이잉.**

자동차가 그런 굉음을 낼 수 있다는 걸 그때 처음 알았다. 레이싱 자동차들이 소리가 끊길 만하면 지축을 흔들며 다가왔고, 쌔앵하며 지나갔다. 부아앙 씨이잉 반복되는 굉음을 듣다 보니 너울대며 다가와 철썩하고 사라지는 파도 같았다. 시원했다! '파도 멍'을 좋아하는지라, 금세 굉음의 매력에 홀렸다. 시원한 실내에 들어가는 대신 밤더위를 무릅쓰고 내내 바깥에 앉아 있다가 친구에게 다음날 티켓도 달라고 했다.

다음날 시간 계획을 다시 점검해보니, 체크아웃을 해두고 행사장에서 8시에 떠나면 공항에 넉넉하게 도착해 샤워까지 하고 10시 30분 밤 비행기를 탈 수 있다는 계산이 나왔다. 행사장은 전날보다 더 휑해 친구네 회사 사람들이 대부분이었다. 친구 회사 동료들이라 한결 편한 분위기에서 노닥거렸다. 서당개 3년이면 풍월을 읊는다더니 이틀째 '굉음 멍'에 슬슬 경기 내용도 조금은 파악이 되었다. 그런데 아쉽게도 진짜 중요한 경기는 9시부터 시작한다는 거다. 이런…. 뒤늦게 재미가 들려 9시가 다 되도록 자리를 안 뜨자 오히려 친구와 회사 동료들이 안절부절못하기 시작했.

9시 15분. 그만 일어나라는 채근에 등 떠밀려 나오니 그제야 정신이 들며 심장이 벌렁거렸다. 내일 9시 출근까지 채 12시간이 안 남았다!

귓속에서 째깍째깍 소리가 들리는 듯했다. 택시에 타서도 뒷좌석 등받이에 기대지 못하고 몸을 앞으로 기울인 채 발을 동동 굴렸다. 3분, 5분, 6분이 지나고 7분! 호텔에 뛰어 들어가 맡겨둔 짐을 찾아 공항에 도착하니 또 20분이 지났다. 체크인과 검색대 줄이 짧은 게 얼마나 다행인지!

제시간에 탑승만 해도 성공이라 생각하며 뛰었는데, 생각보다 빨리 탑승동에 입장했다. 자다 깨어 부스스한 호기심이 또 말을 걸었다. 공항 샤워장 안 궁금해? 샤워해두면 한국 도착 후 출근 준비 시간을 단축하는 데 도움이 될 거야. 걱정하는 마음은 탑승까지 30분이 채 안 남은 시간인데, 그러지 말라 했다. 둘이 아옹다옹하는 걸 듣곤 계획하길 좋아하는 머리가 또 결정을 내렸다. 아까 표지판을 봐뒀잖아. 찾아 들어가는데 6분, 샤워하는데 12분, 탑승장까지 5분이면 할 수 있어, 도전! 머리가 '나쁘면' 손발이 고생이라더니, 불쌍한 다리가 이번에도 부지런히 뛰었다.

샤워까지 한 후 탑승게이트에 간신히 시간에 맞춰 도착했는데, 짐을 내려놓자마자 방송이 나왔다. 세상에, 20분 지연이란다. 긴장이 탁 풀렸다. 괜히 뛰었잖아, 투덜대며 자리에 앉아 한숨 돌리려다 갑자기 정신이 번쩍 들었다. 이건 다음날 '여유' 시간이 20분 남았다는 거구나! 괜찮을까, 걱정이 앞으로 나서자 머리가 잘난 척을 했다. 바보야, 샤워를 해뒀으니 출근 준비

시간도 줄었잖아. 할 수 있어, 도전!

체력을 모두 소진한 탓에 비행기 좌석에 앉자마자 반쯤 실신 상태가 됐다. 잠들었는지도 몰랐는데 눈을 떠보니 랜딩 중이었다. 그 후 입국하는 과정에서 내 계획보다 몇 분씩 늘어질 때마다 줄에서는 발을 동동거리고, 달릴 수 있는 공간만 확보되면 장애물 피하기 게임이라도 하듯 사람들 사이로 요리조리 뛰었다. 집에 도착해서는 짐을 던져 놓고 초스피드로 화장하고 정장으로 갈아입고 달려 나갔다. 그렇게 해서 택시가 회사 빌딩 앞에 도착한 게 8시 56분, 하이힐임에도 잘도 뛰어 엘리베이터를 탔고, 거짓말같이 9시 정각에 오피스 문에 발을 디밀었다. 그때, 내 맹세컨대, 귓가에 소리가 들렸다. '세에이프!'

그날의 12시간은 체력적으로도 힘들었지만, 비행기에서 기절해있던 시간 빼고는 어찌나 내내 마음을 졸였던지 나는 그 후 시간에 도전하지 않는다. 어떨 때는 아예 한 시간씩 일찍 가 기다린다. 그런 땐 성숙한 사람이 된 듯 뿌듯하다. 그런데 한가지, 내 계획하는 머리가 뻔뻔하게 큰소리를 치는 게 영 괘씸하다. 내 못된 버릇을 자기가 고쳐놓은 거라나 뭐라나. 흥!

# 이야압!
### 검도 배우기

 2011년 겨울, 그날이 그날, 일상이 지겹기만 했다. 심심하기 짝이 없었다. 일상이 평온하고 시간이 남아돌 때만도 아니고 그저 불쑥, 뭐에 씐 듯이 좀이 쑤실 때면 뭐든 안 해본 걸 해야 숨이 쉬어진다. 그날도 그런 날 중의 하나였다. 습관대로 평소 안 다니던 길을 여기저기 기웃댔다. 소득 없이 한참을 돌아다니다 집에 오는데 좁은 골목길에서 대한검도회라고 적힌 '레트로' 감성 충만한 도장 간판을 만났다.
 어라? 이런 데가 여기에 있었네 싶어 들어가 보니 뜻밖에도 잘생긴(?) 여자 관장님이 사무실에 혼자 앉아 있었다. 큰 키, 탄탄하고 다부진 체격, 짧은 숏커트 머리를 하고 검도복을 입은 관장님은 여고 시절 소년미를 뿜어내어 인기 많던 친구들을 떠올리게 했다. 살짝 설레는 마음으로 키도 체력도 요만한 나 같은 사람도 할 수 있느냐고 호기심을 담아 묻자 성인 여자는 물론 어린아이들도 한다며 학생들이 사용하는 죽도들을 보여주셨다. 과연, 나에게 맞는 것도 있겠구나 싶었다. 집에서 도보 5분 거리니 이게 웬 횡재인가. 그 자리에서 매일 아침 7시에 있다는 수업을 등록했다.

다음 날 이른 아침, 간단하게 씻고 집을 나서니 차가운 공기에 잠이 완전히 깼다. 새벽형 인간이 된 듯해 뿌듯한 마음으로 도장에 들어서는데, 이런 난처할 데가 있나. 그 시간에 나오는 학생이 나 혼자였으니…. 밤새 찬 기운을 끌어모은 도장은 정말 추웠다. 처음 시작할 때만 해도 춥구나, 하는 정도였는데, 깊은 겨울로 갈수록 대형 히터를 빵빵 틀어도 한 시간을 내내 뛰고 나서야 도장 안의 온도가 영하를 간신히 벗어났다. 추위에 한 시간을 맞서려니 가끔은 정말 가기 싫었지만, 집도 먼 관장님이 나와의 수업을 위해 먼저 와 있다, 생각하면 몸이 아무리 무거워도 눈이 저절로 떠졌다.

몸을 간단하게 풀고 나면 본격적인 기본동작 연습이 시작됐다. 개수는 200개. 앞으로 뛰어 한발 내디디며 머리 위로 든 죽도를 내리쳤다가 다시 제자리로 돌아오며 머리 뒤로 넘기는 동작의 반복이었다. 첫 몇 주는 죽도를 휘두를 때마다 몸은 힘없이 휘적댔고 죽도는 머리 뒤로 넘길 때마다 팽그르르 돌았다. 이게 연습한다고 나아질까, 의심하며 몇 주를 버티자 어느새 죽도가 제멋대로 놀지 않았다. 팔에는 내 눈에만 보이는 근육도 붙었다. 멋진 관장님 옆에 서서 기본동작을 하는 거울 속 내 모습이 더 이상 못 봐줄 정도는 아니게 된 무렵, 관장님에게서 뜻밖의 말을 듣고 화들짝 놀랐다.

"네? 저요? 제가 승급 시험을요?"

가슴이 순간 콩닥 뛰었다. 그간의 내 노력이 인정받았다는 기분에 집에 가서 가족들에게 '대대적으로' 자랑했다. 5급 시험을 보게 되었노라고, 사람에 따라 더 오래 걸릴 수도 있는데 꾸준히 성실하게 했기 때문에 단 두 달 만에 보게 된 거라고 흥분해서 떠들었다.

드디어 승급 시험 날이 되었다. 이른 아침이 아닌 늦은 오후에 간 검도장에서 나는 처음으로 관장님과 내가 아닌 다른 사람을 봤다. 그것도 무더기로. 나와 체구가 비슷한 사람들도 몇 있었지만, 대부분은 나보다 한참 작았다. 그럴 수밖에, 초등학생 아이들이었으니까. 재잘재잘 떠드는 아이들 속에서 나는 덩치만 큰 걸리버가 된 느낌이었다. 그래도 '나는 절대로, 하나도,

창피하지 않아'를 되뇌이며 조용히 아이들과 함께 자리를 잡고 줄을 섰다. 한 줄씩 차례로 승급 시험이 진행되어 드디어 우리 줄의 차례가 되었다.

**"머리, 하나! 머리, 둘!…"**
**"허리, 하나! 허리, 둘!…"**
**"손목, 하나! 손목, 둘!…"**

꼬꼬마 아이들과 통통 뛰며 큰 소리로 숫자를 세고 마침내 마무리 기합을 지르며 츳츳츳, 앞으로 발을 끌듯이 치고 나가며 "이야압!"

승급 시험을 무사히 마치고 '서울특별시검도회'가 찍힌 급증과 대한검도회 회원증을 받았다. 생김새가 좀 초등학교 상장 같아 보여 '아아, 자랑하기에는 조금 무안하려나…' 잠시 고민했지만, 나는 정말 내가 자랑스러웠기에 곧바로 SNS에 올렸다.

2개월이 지나 4급으로 승급한 후, 깨어나는 흙내음이 새벽 공기에 살풋 섞인 아침이었다. 도장 안에 키가 큰 남자가 한 명 있었다. 어머, 학생이 늘었나, 내 후배인가 하며 다가가 말을 걸어보니 관장님이랑 친한데다 도장에도 익숙했다. 알고 보니 나보다는 어리지만, 우리 도장만도 몇 년이요, 검도는 그 전부터 했던 '고수'였다. 대학 앞에서 약국을 한다고 했다. 그렇게 약사님 친구까지 합세해 매일 아침 연습 인원은 셋이 되었다.

 몇 주 후, 관장님이 내게 호구를 맞추자고 했다. 체구가 작으니 아이들용으로 해도 된다 했지만 나는 오래오래 할 거라 좋은 걸로 하겠다며 수제 호구를 주문했다. 언제 오는지 매일 묻는 기다림 끝에 호구를 받았다. 우습게도 강력한 군단의 일원이 된 느낌이었다(!).

 호구를 장착하는 과정은 작은 의식이었다. 먼저 무릎을 꿇고 앉아 두건과 장비를 정갈하게 정리해서 늘어놓았다. 그 후 하나씩 깃춰서 장착하는데 한두 번 가르침을 받아도 서투른지라 그 친구가 옆에서 도와줬다. 다정한 성품인 듯 묵묵하게 도와주기에 나는 마음속으로 그를 '사형'으로 삼았다. 호구를 쓰고 번갈아 타격대를 치고 관장님과 대련하는 게 루틴으로 자리 잡아가던 어느 날, 관장님이 갑자기 사형과 대련하라고 했다. 뜻밖이기는 했지만 상대는 '우리 따뜻한 사형'인지라 나는 한 톨의 긴장 없이 그의 앞에 섰다. 그런데 대련이 시작되니, 이게 웬일인가, 사형이 쉴 틈 없이 "머리!" "허리!" "머리!"를 외치며 나를 두드려 패는 게 아닌가. 키가 180은 족히 되고도 남을 남자가 눈 하나 깜짝하지 않고 계속 공격하는데, 그래도 체면이 있지, 이를 악물고 몇 번 덤벼보려 했으나 될 일이 아니었다. 조그마한 나를 무자비하게 계속 치고 빠지는 걸 당하다 보니 비록 내 오늘 너를 이길 수는 없어도 언젠가는…, 하는 오기가 생겼다.

"두고 봐, 내가… 내가 복수할 거예요."

그렇게 나는 텅 빈 도장을 배경으로 갑옷을 두르고 호구를 쓴 채 긴 검을 쭉 빼 들어 적을 겨누며 복수를 선언했다.

슬프지만 이게 나의 검도 인생에서 내가 기억하는 가장 멋진 장면이다. 얼마 뒤 검도를 그만뒀으니까. 전국 검도 선수권대회를 가을에 나가보겠다는 꿈에 부풀어 그렇게 매일 열심을 부리던 중, 아침에 일어나려 눈을 떴는데 목뒤부터 찌르르하더니 허리의 척추까지 '길이 이렇게 나 있소'라는 듯 통증이 내려갔다. 심상치 않은 듯하여 병원에 가니 디스크 진단이 나왔다. 앞으로 운동은 검도는커녕 등산도 하지 말고 걷기만 하라는 청천벽력 같은 말을 듣고 나의 검도인으로서의 삶은 아쉽게도 막을 내렸다.

내 성에 찰 때까지 가보지 못한 길이요, 두 번 다시 못해 볼 도전임을 알기에, 그래도 해본 게 어디야 하며 감사하다는 마음이었는데, 코로나 시국 2년 차에 갑자기 사형에게서 톡이 왔다. 가끔 그때가 생각난다고 보낸 톡에서 그는 나를 '누나'라고 불렀다. 요즘도 소식을 드문드문 주고받는데, 쟁취한 승리는 아니지만 아무래도 내가 이긴 것 같아 슬며시 웃는다. 그리고 속으로 외친다.

**'머리! 이야압!'**

# 아름다운 청년
옥상 텃밭 가꾸기

2020년 말 이사를 온 집 옥상에 6인 식탁 두 개 크기의 텃밭이 있다. 텃밭을 처음 본 순간 나와는 상관없는 일이라고 생각했는데, 날이 풀리면서 살포시 올라오는 흙 내음에 욕심(?)이 일었다. 우리가 이사 오기 직전에 사신 분들은 당신들이 정성 들여 10년 동안 가꾼 텃밭이라 흙도 깊고 좋다고 했다. 텃밭을 가꾸어 보고 싶다며 남편을 쳐다보니, 자기는 도울 생각이 추호도 없으니 아예 시작할 생각을 말란다.

그래도 앞으로 키울지도 모를 화분의 분갈이용으로 꽃삽은 하나 필요하겠지 싶어 꽃삽을 슬쩍 샀다. 그러고는 틈만 나면 남편을 붙들고 조잘대기 시작했다.

"저기 있잖아, 옥상에 텃밭도 있고 꽃삽도 있으니…."

남편은 웬만하면 내가 하고 싶어 하는 건 무엇이든 도와주는데, 이상하게도 텃밭 가꾸는 일에는 완강했다. 끝까지 나를 외면하는 게 야속해 의논 상대가 어디 당신밖에 없는 줄 아느냐며 점점 고집이 생겼다.

텃밭에 뭘 심을지, 고민을 주변에 나누니 카톡이 분주해졌다. 상추나 심고 말아라, 키우기 쉬운 허브만 심어라, 누구는 화단을 만들어라, 등 의견이 분분했다. 텃밭 경험도 없는 데다 골골대는 내 관절까지 감안한 고마운 조언들이었다. 그걸 가장 나다운 방식으로 머릿속에 입력했다.

'우와, 그런 게 다 텃밭에서 키울 수 있는 거구나!'

심을 만한 모종과 씨앗 리스트를 좌르르 알아 놓은 건 좋은데, 이것들을 심기 전에 땅을 만들어야 한단다. 시어머니 가라사대, 퇴비를 흙의 1/10이 되도록 섞어 주어야 한다고 하셨다.

1/10. 이 비율을 지키기 위해 나는 부지런히 계획을 세웠다.

**하나.** 국그릇 크기만큼 흙을 바닥까지 몽땅 파내어 옆에 쌓는다.

**둘.** 그 흙을 다시 빈 공간에 조금씩 채운다.

셋. 흙을 넣을 때 퇴비를 최대한 정확하게 1/10 비율로 섞는다.

넷. 사진을 찍어 '짠!'하고 자랑한다.

텃밭 앞에 서서 맨손으로 꽃삽을 쥐고 눈대중으로 작업량을 가늠해보았다. 나 혼자서도 두어 시간이면 될 성싶었다. 하지만 패기 좋게 달려든 '꽃삽질'은 막상 해보니 생각보다 훨씬 힘들고 더뎠다. 한 시간가량 공을 들였는데 작업한 건 작은 소포 상자 크기밖에 되지 않았다. 해도 뉘엿뉘엿 져갔다. 나의 꽃삽질을 남편에게 들킬세라 나만 알아챌 수 있는 작은 표시를 해놓고 조용히 후퇴했다.

그런 후 좀 더 나은 방법을 고민해봤지만 아무리 생각해도 내 힘이 달리는 것일 뿐, 방법은 맞는 것 같았다. 같은 방식으로 다시 해보자 심기일전하여 다음날은 목장갑에 커피까지 챙겨 올라갔다. 그렇게 이틀을 두 시간씩 더 했는데, 작업량은 고작 텃밭의 1/4 정도나 될까 말까였다. 이러다 진짜 '손목이 나가겠구나' 싶었다.

그냥 포기할까 생각도 잠시 스쳤지만 한번 구상한 '그림'이 머리를 떠나지 않았다. 나처럼 절박한 텃밭 초보자에게 도움을 주는 서비스가 혹시 있나 검색해

봤지만, 내 텃밭의 규모와 해야 하는 작업이 너무 소소했다. 그렇게 며칠을 더 고민하던 중에 중고거래앱이 '띠링' 울렸다. 텃밭 일에 대한 공고를 본 적은 없지만 아르바이트 구인글은 본 듯한데, 혹시? 잃을 게 없다는 생각으로 공고를 올리니 금새 반응이 왔다. 다음날 하겠다고 연락해 온 사람이 둘이나 있었다. 만세!

제일 먼저 연락하신 분은 나보다 나이가 많은 여자분이었다. 내 손목이 아프면 당신 손목도 아프겠다 싶어 그 분께 손목 보호 차원에서 안 하시는 게 좋겠다 설명해 드리고 두 번째로 연락한 남자분으로 낙점했다.

다음날, 메신저 말투로는 나이대가 좀 있는 것 같았는데 찾아온 이는 안경을 쓴 단정한 대학생 청년이었다. 옥상으로 안내하고 일의 범위를 보여주었다. 청년은 한 번도 흙 만지는 일을 해본 적이 없다고 했다.

먼저 무엇인가를 해본 사람을 선배先輩라고 한다. 그런 차원에서 보면 나는 선배였다. 꽃삽질을 먼저 해본 경험으로 나는 뻔뻔하게도 텃밭 선배가 되어 청년에게 꽃삽과 목장갑을 건네며 나의 강박적인 흙 준비법을 전수했다.

이제 텃밭에는 선무당이 둘이 되었다. 청년은 텃밭을 쓱 보더니 세 시간이면 충분하겠다고 했다. 한 시간 정도 후에 가보니 청년은 "생각보다 힘드네요."라고 하며 땀을 닦았다. 청년에게는 미안하지만, 혹시라도 포기하고 도망가면 안 되는데…. 필요한 만큼 시간 들여서 쉬기도 하고 천천히 하라며 음료수와 간식을 챙기고, 내가 손목과 관절이 안 좋아서 직접 못 한다며 묻지도 않았는데 구구절절한 변명까지 늘어놓았다. 안절부절못하는 나에게 청년은 다 하고 가겠노라 약속했고, 총 네 시간 반 만에 나의 강박적인 흙 준비법에 따른 작업을 완수했다.

정갈하게 준비된 텃밭 사진을 가족 채팅방에 올렸다. 가족들이 걱정하지 않도록 내가 한 게 아니고 동네의 '아름다운 청년'의 도움을 받았다고 부연했다. 사람들에게 '아름다운 청년'이 도와줬다고 했다는 말을 청년에게 전하자 청년은 돈 받고 한 걸 아름답다고 하기는 좀 그렇지 않으냐며 멋쩍어했다. 하지만 내 눈에 그는 정말 훈훈하고 아름다웠다. 여러 주나 묵은 나의 고민을 그렇게 단 반나절 만에, 심지어 웃는 얼굴로 해결해 줬는데, 그렇지 않았겠는가!

그 후 6개월 간 각종 모종과 씨앗을 심고 아침저녁으로 물을 떠다 바치며 문안을 드렸더니, 심은 모든 것들이 나무가 되도록 자랐다. 씩씩하게 밭에서 걸어 나온

억센 상추가 그러했고, 동전만 한 잎일지언정 비도 가려줄 만큼 높고 풍성해진 깻잎이 그러했으며, 심지어는 허브인 바질조차도 나무가 되어 힘차게 위로 쑥쑥 자랐다. 그뿐인가, 초반에 오이인지 호박인지 수박인지 잘 알 수 없던 음흉한(?) 참외는 텃밭을 습격해 삽시간에 정글을 만들었다. 고추가 나 몰래 데려온 진딧물 가족은 한 부족을 이루도록 번성하여, 루꼴라와 고수 진영까지 장악해 외롭고도 치열한 전투를 벌인 나에게 깊은 패배감을 맛보게 했다. 옥수수 얘기도 '스펙터클'한데, 나는 옥수수 대 하나에 옥수수가 여남은 개씩 주렁주렁 열리는 줄 알았다. 무지막지하게 큰 옥수수 대 하나에 옥수수가 달랑 하나 열리는 걸 알았을 때의 배신감이란…. 그 외에도 비트, 토마토, 아욱, 치커리, 로즈마리, 민트, 겨자, 대파, 조선파, 부추까지 나와 내 텃밭은 쉴 새 없이 바빴다 .

그러던 어느 깊은 가을날이었다. 나무가 되도록 큰 나의 작물들은 모두 일년초. 정리를 해야 했다.

"내가 텃밭하지 말랬잖아!"

남편이 씩씩댔다. 옥수수 대를 부러뜨리고 깻잎 나무 둥치, 상추대 등을 뽑고 산처럼 쌓인 마른 쓰레기들을 정리했다. 간곡한 나의 부탁에 목질화 된 바질은 화분에 담아 실내로 데려왔다.

그 후 나의 겨울 텃밭은 조용해져서 12월, 이듬해 1월, 2월, 3월이 평화롭게 지나갔다. 그러다 4월 어느 주말, 시장을 지나는데 모종이 눈에 들어왔다.

'오옹? 모종을 판다!'

그냥 지나치지 못하고 상추 모종만 두어 개 산다는 것이 상추 네 종류, 부추, 겨자, 치커리, 쑥갓 등 열일곱 개를 샀다. 그런데 아뿔싸! 막상 집에 와서 심으려니, 흙 준비가 안 되어 있었다.

주말이면 잠이 많은 남편이다. 일단 남편을 깨웠다. 수도꼭지에 호스를 연결하는데 아무래도 손이 아파서 못하겠다며 일단 옥상으로 유인(?)했다. 그리고 수도꼭지를 잡고 있는 남편에게 들으라는 건 아니라는 듯 적당한 크기로 혼잣말처럼 말했다.

"이거 아무래도 죽은 거 같아. 로즈마리는 겨우내 살지도 모른다고 해서 남겨둬 본 건데. 이 옆에 민트도 뽑는 게 좋겠지? 잘라서 속을 보라는데, 이것도 죽은 걸까? 흙 뒤집으면서 퇴비도 섞어야 하는데…."

꽃삽을 흙에 꽂은 채 꽤 깊이 박힌 로즈마리를 잡고 뽑겠다며 어설프게 낑낑대자, 남편이 나를 흘겨봤다.

"얍실이, 으이구. 이리 내놔!"

내 눈에 남편은 다소 설렁설렁하는 것처럼 보였다. 그러나 애태우는 '텃밭질'은 작년에 해봤기에 올해는 강박적으로 하지 말자며 눈을 꾹 감았다. 그런데 흙을 뒤집고 퇴비를 섞던 남편이 혼잣말을 하는 것 아닌가.

"이거 꽃삽으로 할 일이 아닌데? 삽을 하나 사서 발을 딛고 해야 돼…."

아아, 남편이 능동적으로 더 잘 할 방법을 고민하다니…. '아름다운 청년이다, 우리 남편도!'

# 파리에서 꽃을 사다
파리에서 2주 살기

    이번 주말, 나는 이름으로 부르는 동생의 아내, 조카 '쿵'의 엄마, 예법에 맞게는 올케 되는 그녀가 파리에 간다. 한국에서 셋, 하와이에서 둘, 유럽에서 하나 출발하여 파리에 사는 동창의 와이너리 winery 결혼식에 참석한단다. 무엇보다도 모이는 장소가 '파리'라는 게 부러웠다. 많은 영화와 드라마에 등장하는 파리는 화려한 역사적 건축물, 도시적 세련미와 지성미 넘치는 문화로 국적 불문하고 압도하는 매력이 있는 듯하다. 오죽하면 19세기 말부터 사용된 파리지앵 parisienne 이라는 단어가 지금까지도 많은 사람들의 로망이겠는가. 2013년에 2주 일정으로 파리 여행 갔던 때가 자연스레 떠올랐다. 나로서는 꽤 긴 휴가를 모처럼 낸 터라 평소와는 달리 꽤 정성 들여 준비했는데, 테마가 '파리지앵 코스프레'였다.

어느 여행 준비나 기본은 숙소다. 파리지앵처럼 2주를 지내고 싶다며 숙소 위치를 어디로 할지 파리 유학파 선배에게 조언을 구하니 강력하게 권하길, 파리 시내는 가성비가 매우 떨어진다며 몇십 분 거리의 신시가지인 라데팡스로 가란다. 파리지앵을 파리를 근거지로 '생활'하는 사람으로 해석한 선배의 말을 따르기는 했는데, 라데팡스에 막상 도착해보니 깔끔했지만, 낭만과는 거리가 먼, 그냥 삭막한 도시였다. 주방 딸린 숙소도 기숙사같은 느낌이라 조금 가라앉는 기분마저 들었다. 그래도 힘을 내야지, 해가 떨어지기 전에 기본 생활에 필요한 준비를 하기 위해 나섰.

가장 먼저 한 건 '교통편 알아보기'였다. 지하철은 1주일권을 사라고 이야기를 들었는데, 막상 사려고 하니 그걸로는 내 숙소가 있는 지하철역에 못 온단다. 그럼 뭐를 사야 하나 고민하는데 뒤의 줄은 길고, 매표원은 인내심이 이미 바닥난 듯한 표정인 게 차분하게 설명해 줄 생각이 없어 보였다. 에이 몰라, 그냥 웬만한 데는 다 가는 걸로 달라하고 30유로를 냈다. 한국에 돌아올 때까지도 나는 뭐를 산 건지 몰랐다.

자, 이제 해가 있을 때 장을 보자! 기본 생필품을 위해 마트를 찾았다. 호텔을 기준으로 위치를 안내받은 터라 지하철역에서부터 출발하자니 방향이 꼬여 한참을 헤맸다. 그래도 어찌어찌 찾아 들어갔는데, 매대에 아름답게 정리한 품이며, 물건들의 포장 디자인의 세련미에 감탄하며 둘러보았다. 다양한 치즈, 햄, 싱싱한 과일에 와인까지, 매대에서 발견할 때마다 눈과 마음이 '토토토 타타타' 이리로 저리로 뛰어다녔다. 기분이 풀려 한껏 신이 나서 저녁거리로 샐러드, 바게트에 와인까지 구입해서 숙소로 향했다.

조금 어둑해진 시각, 이 정도면 너무 많이 안 사고 잘했어, 잘 참았어, 스스로 칭찬하며 걷는데 꽃가게가 눈에 띄었다. 번뜩, 이 여행은 '파리지앵 코스프레' 아닌가, 마치 오래 있을 사람처럼 화분을 사자고 생각했다. 양손에는 이미 짐이 잔뜩 있지만 '화분 하나 정도는 안고 갈 수도 있지 않을까? 그래, 할 수 있을 거야.' 생각하며 꽃가게에 들어갔다. 무겁지 않되 존재감 있는 꽃으로 골라 계산대에 올렸다. 꽃집 아저씨가 얘가 행색은 관광객인데 웬 화분을 사나 싶었는지 '파리'에 사느냐고 물었다. 네, 맞아요, 할까 하다 실은 잠깐 들른 건데 꽃은 내가 보다가 친구 주고 간다고 하니 뿌듯한 얼굴로 "good, good"이란다. 떠날 때까지 주고 갈 친구를 못 사귀거나 주고 가기 번거로우면 다시 드리고 갈지도 몰라요, 라고 속으로 중얼거렸다. 하하.

아저씨는 앞면에 커다란 마름모꼴 구멍이 뚫린 종이 가방에 화분을 담아주었다. 붉은 테두리를 두른 구멍으로 잎이 눌리지 않고 자유롭게 나올 수 있었고 바람도 통했다. 식물을 위한 세심한 배려였다. 검은색 종이 봉투는 무료로 제공되는 게 미안할 정도로 세련된 디자인이었다. 방에 돌아와 꺼내려다 화분보다 봉투가 더 예뻐서 그대로 올려 두기로 했다. 비로소 '파리'에 온 것 같았다.

그렇게 첫날을 보내고, 다음날부터 본격적인 파리지앵 생활을 위해 매일 파리로 나갔다. 관광객인데, 무슨 생활하는 척 할만한 일이 있었느냐고? 있었다! 자고로 '생활'이라면 루틴이 있어야 하는 것 아닌가. 여행 준비를 하며, 예술가들의 아틀리에와 화실이 많은 바스티유 거리에서의 화실 수업 6회와 파리 시내를 돌아다니며 하는 거리 스케치 수업 2회를 미리 끊어둔 것.

바스티유에 있는 화실의 선생님은 고급 수채화 종이로 유명한 아르쉬 회사에서 지원받아 여행하기도 하는 실력 있는 화가였다. 제공받은 종이에 수채화로 여행 풍경을 담으면 그걸 회사에서는 홍보 책자로 만든다

⟨@Charles de Gaulle airport⟩ 10.5cm x 14.8cm

고 했다. 다국적 파리지앵 학생들이 다니는 수업의 기본 언어는 불어였는데, 나와의 수업만 떠듬떠듬 영어로 진행되었다. 쉬는 시간이면 선생님은 향긋한 차를 금이 가고 손잡이가 깨지기도 한 머그잔에 프랑스식 쿠키와 함께 대접했다. 낡은 나무 바닥이 있고, 물감이 여기저기 묻은 화실의 공기는 느리게 흘렀다. 모델조차 남달랐는데, 미국, 한국, 호주 등, 여러 나라에서 누드 크로키 세션을 해봤지만, 파리의 모델이 내가 본 중 가장 아름답고 포즈도 다양했다. '역시 파리!'였다.

주로 미국인 관광객을 대상으로 한 이벤트성 거리 스케치 수업의 신생님은 일반 회사원에서 화가로 전업한 지 5년 된 분이었다. 그림 실력으로 치면 화실 선생님이 월등함에도 거리 스케치 1회 수업이 화실의 6회 수업료보다 비싸서 화실 선생님에게 미안했다. 공원에서 각자 스케치한 걸 하얗고 높은 천장의 채광 좋은 작업실에서 캔버스에 옮기는 수업과 관광 가이드를 대동해 루브르 박물관 안에서 진행하는 수업을 들었다.

매일 직장인들과 함께 기차를 타고 아침에 나가 저녁 무렵에 돌아오면 라데팡스 광장에서 시간을 보냈다. 먼 끝 소실점에 파리의 개선문을 둔 라데팡스 신개선문에는 탁 트인 광장을 둘러보기에 좋은 커다란 계단이 있었다. 전면이 유리로 된 높은 빌딩들이 청명한 하늘을 거울같이 비치는 게 마치 하늘과 빌딩이 서로를 품은 것 같았다. 광장을 지나가는 사람들을 보며 저들도 그렇게 서로를 비치고 품겠구나, 하는 생각이 들자 차가운 빌딩에 순간 피가 도는 듯했다.

'생활'만 한 건 아니라서 중간중간에 패키지 관광을 하기도 했다. 그중 한 번은 남편과 아이들을 집에 두고 혼자 여행하러 온 동갑내기 엄마를 만났다. 우리 둘은 하루 동안 친구가 되어 몽마르뜨 공원, 에펠탑 등을 함께 다녔고, 그런 곳에서 만난 인연이 흔히 그렇듯, 사용하지 않을 연락처를 주고받았다. 자기만의 시간이 너무 절실해서 온 여행이라고 하는 그녀를 나는 응원했다. 누구에게나 그런 시간은 필요한 법이고, 나 또한 나만의 시간이 절실해서 간 여행이었으니까.

나의 파리지앵 코스프레 여행 이야기를 들은 올케가 웃으며 자기도 이게 혼자 가는 첫 번째 '긴' 여행이란다. 성품이 좋아 들뜬 티를 내지 못하고 직장 동료, 남편과 아들, 부모님에게까지 여기저기 미안해하기에 누구에게도 미안해하지 말라고 했다. 그럴 자격 있다고. 그리고 파리에 가면 첫날에 꼭 꽃을 사라고 권했다. 나는 누구를 주고 오고 싶었는데, 결국 꽃집에 다시 갖다 주고 왔지만….

 주변의 모두를 떠나 혼자 가는 '긴' 여행을 처음으로 가는 그녀를 응원한다. 여러 나라에 흩어져 사는 친구들과 재회하고, 파리지앵의 생활을 들여다본 후 많은 이야기를 품고 돌아올 그녀를 벌써 만나고 싶다.

모자란 사람끼리 살기
그래도개년
아저씨 때문에? 아니, 덕분에!
장님 나라의 외눈박이
이웃, 마틸다
발가락을 도도독
금니 삽니다
닳아 없어져도
The Show Must Go On

# 다행이다

⟨Self Portrait⟩ 49cm x 49cm

항상 완벽하게 좋기만 해야
감사할 수 있는 건 아니다.
때론 무겁고,
당혹스럽게 느껴지는 순간도 있지만,
결과적으로는 내 삶을 더 깊고 풍요롭게 만들어준다.
나 역시 풍성한 감사의 이유가 되고 싶다.

〈무제〉 10.5cm x 14.8cm

# 모자란 사람끼리 살기
남편

무더운 장마 중 하루, 반짝 맑았던 주말을 틈타 사촌 조카가 공군 파일럿인 청년과 결혼식을 올렸다. 열 명의 예도단이 긴 칼을 높이 들어 만든 축혼 아치 아래로 신랑신부가 양가 아버지와 함께 춤을 추며 입장했다. 예식 무대 위에서도 긴장한 기색 하나 없이 즐기는 모습이 신선하고 보기 좋았다. 뒤이어 등장한 화동은 귀여웠지만, 양가 아버지들이 자녀를 키우며 겪었던 엉뚱한 일화 소개와 잘 살라는 덕담은 다소 길었다. 슬슬 배고프다는 생각이 들기 시작했다. 언제 끝나나 하고 있는데 사회자가 신랑신부에게 서로의 어떤 점 때문에 결혼을 결심했는지 하객들 앞에서 이야기하라고 시켰다.

입이 귀에 걸린 신랑이 먼저 마이크를 잡았다.

"신부가 너무 예뻐서 결혼을 결심했습니다! 그리고 하는 모든 게 사랑스럽기 때문입니다! 여러분, 제 신부, 너무 예쁘지 않나요?"

함박웃음으로 그 이야기를 들은 새하얀 신부가 마이크를 넘겨받았다.

"제가 결혼을 결심한 이유는, 제 이상형이 존경할 수 있는 사람인데요, 신랑이, 우리 오빠가 사회생활, 직장, 일상 모든 면에서 존경스러운 사람이기 때문입니다."

순간 여러 생각들이 지나가며 머릿속이 간질간질했다. 무대 가까이 앉은 터라 마스크를 쓴 것도 잊고 신랑신부에게 내 표정을 들킬까 봐 고개를 돌리다 옆자리 사촌오빠의 부인과 눈이 마주쳤다. 마스크를 써서 입 모양은 보이지 않았지만 반달눈이 된 걸 보니 나와 동갑내기인 언니도 같은 생각인 게 틀림없었다. 그만 둘이 테이블을 부여잡고 머리를 맞댄 채 큭큭거리며 웃었다. 맞은편에서 큰아버지가 재미있다는 표정으로 왜 웃느냐고 물으시는 데 대답은 안 하고 둘이 속닥였다.

"좋을 때다, 어디 몇 년만 살아봐라 싶죠?"

"그러니까요, 좀 있으면 존경은 무슨. 네가 내 아들이냐 싶어질 텐데."

우리의 대화는 저녁 식사 후 언니가 사라졌다고 찾

던 남편(사촌오빠)이 저 멀리 혼자서 엘리베이터에 타는 걸 보며 "식장 안의 두 사람과 여기 두 사람이 참 다르네요."라며 속 좋게 웃는 걸로 마무리됐다.

그날 신랑신부의 고백은 깜짝 놀랄 만큼이나 성경의 에베소서 5장 33절에 나오는 말씀, '너희(남편)도 각각 자기의 아내 사랑하기를 자신같이 하고 아내도 자기 남편을 존경하라.' 그대로의 모습이었다. 그리고 지금은 엘리베이터를 타고 먼저 내려가는 신랑과 남겨진 신부가 되었지만, 한창 서로에 대한 사랑으로 충만해 결혼했던 당시의 우리 모습이기도 했다.

결혼식에서 돌아오는 길에 문득, 나와 다툰 후 '동굴'로 들어간 남편 때문에 서운해하며 속을 썩였던 때가 생각났다. '저런 남자를 어떻게 존경하나요?'를 수없이 되뇌었던 시기였다. 사이가 좋을 때는 몰랐는데 집이 세상에나 그렇게 좁을 수가 없고, 상대가 눈에 보이기만 해도, 움직이는 소리만 들려도 깊은 곳에서부터 부아가 치밀었다. 그 당시에 저 성경 문구를 접했을 때는 기가 찼다. '어떻게, 뭐를, 왜 존경하라고?'라는 생각이 절로 들며 나는 왜 이런 시련을 겪어야 하는지, '내가 왜?'라는 질문이 끊임없이 머리에서 맴돌았다.

그러던 중, 문득 '남자한테는 한 여자를 평생 사랑하

〈Hannah〉 75cm x 56cm

는 게, 여자한테는 한 남자를 평생 존경하는 게 가장 어려운 일 아닐까?'라는 생각이 들었다. 아이러니컬하게도 여자가 가장 필요로 하는 게 사랑이고 남자에게 가장 중요한 건 존경인데 말이다. 그렇게 생각하니 '유레카', 부부 관계의 핵심을 깨달았다 싶었다.

그래, 부부는 내가 가장 주기 어려운 동시에 반대로 상대가 가장 필요로 하는 걸 정말 이 악물고 주고받아야 하는 거구나. 얼마나 힘든 일이면 명령으로 남기셨겠어!

그 후 나의 깨달은 바를 스스로에게도 가끔 상기시키고 어떤 날은 친구들에게도 공유하는데, 주말 아침이면 남편이 존경할 만한 사람이 아니고 되레 한참 '모자라' 보인다. 남편은 주말이면 아홉 시 넘어서도 누워 있다. 자는지 마는지 모르겠지만 피곤하거나 아플 때는 아무것도 안 하고 쉬어야 한단다. 나는 그 모습이 그렇게 모자라 보일 수가 없다. 일어나서 나랑 밥 먹자, 놀자, 이거 하자, 저거 하자 들락날락하며 쳐다보고 가끔은 살아 있나 꾹꾹 찌른다.

나는 주말에도 아침 여섯 시 이전, 어쩌다 늦으면 일곱 시, 늘어지게 늦잠을 잤다 하면 여덟 시에 일어난다. 생체 시계가 그렇게 되어 있어 딱히 애쓰지 않아도 눈이 떠지고 거기서 더 누워 있으려면 오히려 좀이 쑤셔서 견딜 수가 없다. 눈을 뜨고 일어나면 바로 끊임없이 뭔가를 한다. 내 딴에는 '사부작사부작' 잘만 하는데 남편이 보기에는 부산스럽고 뭘 하던 영 어설프단다. 보다 못해 일어나 마무리 투수 역할을 자처하며 한숨을 쉰다.

그러다 보니 '누가 모자란 사람인가?'의 문제를 두고 농담하다 가끔은 다툼으로 번지기도 하는데, 함께 코로나에 걸렸을 때도 누구의 방식이 옳은가를 두고 부딪혔다. 나는 낫기 위해 끊임없이 이런저런 '방도'를 찾아보곤 음식에, 건강식품에, 민간요법을 실행했다. 남편은 아플 때는 그냥 쉬어야 한다며 내내 누워 있었다. 방에 틀어박혀 무기력하게 있는 남편을 걱정 반 못마땅함 반으로 지켜봤는데, 결과적으로 남편은 5일 만에 코로나 증상에서 벗어났고 나는 그 후로도 일주일을 더 아팠다. 남편이 혼자 빨리 나은 걸 두고 당신은 나의 극진한 간병을 받은 덕에 빨리 나았던 거라고 하니 남편은 자기 방식이 맞았던 거라고 한다.

결혼식을 보고 돌아온 그날, 나의 가장 좋은 술친구인 남편과 각자의 취향대로 와인과 맥주를 마시면서 결혼 앨범을 들춰보며 킬킬댔다. 그 안에는 내 기억보다도 더 빛나는 신랑신부가 있었다. 한 장 두 장 넘겨보다가 부모님이 간직했다 넘겨주신 초등학교 성적표까지 꺼내어 어린 시절 사진부터 중고등학교, 대학교, 사회에 나온 후의 사진까지 함께 훑었다. 참 열심히 산 똘똘한 두 사람의 흔적들이었다. 결혼 앨범을 마지막으로 다시 보고 제자리인 수납함 가장 안쪽으로 밀어 넣어두었다.

새삼스러운 추억들을 보고 나니 웃음이 났다. 분명 빛나는 두 사람이 손깍지 끼고 들어왔는데, 지금 우리 집에는 어찌 된 일인지 '모자라 보이는 사람'과 '모자란 사람' 두 명이 산다.

**우리가 이렇게 모자란 줄 세상은 아직 모르는 듯하니, 아직 들키지 않아서, 그리고 그 둘이 "우리"라서 다행이다.**

# 그래도개년
## 가족

"그래도개년이 참 멋지더라고 하셨어. 하하."

친할머니가 미국 관광했던 이야기를 하시며 엄마가 웃었다. 그래도개년이라니 이게 무슨 말인가 했는데 학교 교육을 전혀 받지 못한 세대이기에 영어를 몰랐던 친할머니가 '그랜드 캐년'을 그렇게 기억에 담으셨단다. 고등학교 때인가 들었던 이야기였는데, 후에 고모에게 직접 들어보니, 갖은 고생 끝에 자리 잡고 부모님을 초대했지만 생계가 바빠 직접 다 모시고 다니지는 못하고 서부 패키지여행을 보내드렸다고 했다. 그런 일화를 들어서였는지 미국 여행을 생각할 때면 가장 먼저 그랜드 캐년이 떠오르곤 했는데 실제로 가본 건 대학원 유학시절이었다.

경영대학원 과정에서 2학년 여름방학 때에는 대부분 인턴으로 일한다. 나에게는 뉴욕에서 무급으로 국제기구에서 일하는 것과 유학 생활을 하던 도시에서 유급으로 기업에서 근무하는 두 개의 선택지가 있었다. 간신히 생활에 적응했는데 또 살 집을 구하고 낯선 환경에 적응할 생각을 하니 꾀가 나기도 했고, 인턴 경험이 졸업 후 취직에도 꽤 큰 영향을 미칠 수 있는데 국제기구로 갈 게 아니라면 기업이 낫지 않을까 싶었다. 마음을 정한 후 부모님께 동생을 방학 때 어학연수를 보내시라고 했다. 내가 월급을 받으니 생활비도 낼 수 있을뿐더러 미국 여행까지 시켜주겠다고 했다. 할머니가 멋지다고 하셨던 '그래도개년'도 동생에게 보여주겠노라며 큰소리를 쳤다.

대학생이던 동생은 물론 신나서 오겠다고 했다. 나도 신이 나, 동생이 미국 어학연수 생활을 그랜드 캐년을 둘러보고 라스베가스에서 놀고 오는 일정으로 시작할 수 있게 계획을 짰다. 자동차, 항공편, 숙소 등 다 예약해 놓고 나의 철저한 준비에 뿌듯해했다.

동생이 드디어 미국에 도착해 우리는 오붓한 남매 여행을 떠났는데, 여기서부터 동생과 나의 기억에 차이가 있다. 나는 분명 동생이 도착한 다음 날이었던 걸로 기억하는데, 동생은 결단코 미국에 도착하자마자 공항에서 바로 출발하는 일정이었단다. 이 기억을 이야기할 때마다 나는 억울하다. 내가 설마하니 한국에서 미국에 막 도착한 사람을 데리고 여행을 떠났겠는가. 누가 옳은지는 모르겠지만 기억의 공통점은 동생이 시차 적응이 안 된 시점이었다는 것, 굉장히 피곤한 상태였다는 거다. 내 차는 너무 작아서 조금 더 큰 중형차로 렌트를 예약해 놓고는 동생을 배려하여 너는 좀 자다가 중간에 넘겨받으라고 하며 차를 빌리러 갔다.

직원이 어디로 가느냐고 물었다. 그랜드 캐년이라고 대답하니 내가 예약한 차로는 위험하다며 타이어가 중간에 터질 거란다. 그걸로는 못 보낸다기에 당황해서 입을 못 다물고 있는데, 추천해주는 게 내 눈에는 집채만 해 보이는 SUV였다. 나 이거는 운전 못 한다고 동생에게 고개를 도리도리 저었다. 듬직한 동생이 처음만 낯설지 익숙해지면 할 수 있을 거라며 일단 자기가 먼저 운전하겠다고 했던 기억이 생생하다. 그렇게 동생이 운전을 시작했고, 몇 시간 뒤 동생이 너무 졸리다며 운전대를 내게 넘겼다. 분명 조수석에서는 든든하게 느껴졌던 차였는데, 희한하게도 운전석에 앉으니 너무 높고 컸다. 티를 안 내도 불안은 전염되기 마련이라 동생은 운전을 안 해도 못 자겠다며 다시 운전권(?)

을 가져갔다. 결과적으로 그날 열 시간도 넘는 운전 중에 나는 한 시간 정도밖에 기여하지 못했다. 그렇다고 놀고만 있던 건 아니었다. 나는 모양과 크기가 신고배만 했던 내비게이션을 보며 잘 가고 있는지 확인하는 역할을 했다. 가로등이 듬성듬성 있는 밤길을 혼자 갈 때 무서워질 만하면 단호한 목소리로 방향을 알려주는, 내가 '실비아Sylvia'라고 이름 붙인 믿음직스러운 내비게이션이었다. 실비아는 그날, 방향을 바꾸라는 안내마다 100마일 직진을 불러댔다. 베이커스 필드, 후버댐, 플래그스태프 등의 지명을 참 오래오래 보며 길을 갔던 기억이 난다.

그날 동생이 그렇게 고생한 끝에 가서 본 그랜드 캐년은 과연, 생각하던 그대로였다. 대자연의 신비를 사진사들이 얼마나 정성들여 담아냈던지 엽서에서 본 꼭 그 풍경이었다. 처음에는 그 규모에 감탄하며 사진을 찍어댔으나, 내 똑딱이 디지털카메라로 찍는 사진은 엽서 사진만 못했고 십여 분 보고 나니 협곡을 타고 아래로 내려가지 않을 바에야 딱히 할 일도 없었다. 날이 어둑해지고 있어 우리는 서둘러 라스베가스로 이동했다. 차도 크고, 밤길이기도 하여 또 동생이 운전해서 붕붕붕.

한참이 지나 남편과 미국에서 삼사 년을 살게 됐다.

그때도 또 서부에 머물렀는데, 항공편으로 한 번 함께 다녀온 라스베가스를 이번에는 운전해서 가보기로 했다. 십 년도 더 지났지만, 나는 내 기억을 철석같이 믿었다. 실비아에게 의지해서 다녀왔던 그 길을, 열 몇 시간 동안 내가 집중해서 봤던 길을 어떻게 잊을 수 있으랴….

별이 쏟아지는 걸 보고 싶다고 졸라 그랜드 캐년 가는 길에 캠핑 1박을 하고 다음 날 그랜드 캐년을 보는 일정으로 출발했다. 내가 운전하는 게 불안해 어차피 잠을 못잔다며 남편이 독박 운전을 자청했다. 내비게이션은 어김없이 연달아 100마일 직진을 태연하게 불러댔고, 일고여덟 시간을 달려서 간 캠핑 장소는 근사했다. 모닥불은 예뻤으며 별은 제 마음껏 쏟아졌다. 다음 날이 되었다. 느긋하게 아침을 먹고 늦은 오전에 출발했다. 내비게이션에 그랜드 캐년을 찍으니 세 시간 정도의 거리였다. 그래, 내가 일정을 잘 짰구나, 가서 엽서같은 풍경을 이십 분 정도 본 후 식당을 하나 찾아 들어가 늦은 점심을 먹고, 오후쯤에 라스베가스로 출발하면 딱 저녁 시간일 테다.

한가롭게 주변 구경, 하늘 구경을 하며 가는데 표지판에 플래그스태프가 보였다. 아주 한참 남았다고 생각했다. 역시, 이 길은 그때랑 똑같다고 남편에게 이야기하며 웃었다. 그렇게 마냥 가는데 좀 이상했다. 국립공원에 들어섰는데 처음 보는 광경 아닌가(?). 평평한 드넓은 초원 뒤로 숲이 펼쳐지고 버팔로가 여기저기 보였다. 버팔로는 난생처음 보는지라 달리는 차 안에서 사진을 연신 찍어댔는데, 심지어 녀석들이 머리를 맞대고 싸우는 진풍경까지 봤다. 신나기는 했지만, 어째 가도 가도 내가 전에 봤던 풍경이 안 나오는 게 슬슬 불안감을 일으켰다. 물론 내가 마지막으로 그랜드 캐년을 본 게 십 년도 더 지났고, 십 년이면 강산도 변한다는 말이 있기는 하다. 그래도 그렇지, 몇백만 년에 걸쳐 형성된 그랜드 캐년이 십 년 만에 변할 리는 없는데….

입으로는 여기 봐, 저기 봐, 라며 운전하는 남편에게 호들갑을 섞어 대화를 던지면서도 이게 아닌데 싶었다. 조마조마한 걸 숨기고 남편에게 다음 안내소를 좀 들르자고 했다. 잠깐만 차에 있으라 하고 뛰어 들어간 안내소에는 앞에 한 팀이 이미 안내받고 있었다. 남편이 들어올까 봐 초조해하며 기다린 끝에 내 차례가 되어 물어보니 여기는 노스 림 North Rim이란다. 내가 전에 봤던 건 사우스 림 South Rim. 거기 가려면 관통하는 방법은 없고 국립공원을 아예 나가서 빙 둘러 여섯 시간을 가야 한단다. 이미 세 시가 훌쩍 지난 시간, 가봐야 깜깜해서 보지도 못할 터, 게다가 숙소는 라스베가스였다. 큰일났다, 이건 안될 말이구나 싶은데 남편이 들어왔다. 주눅이 들어 자초지종을 설명하는데 남편이 눈을 잠시 감으며 아랫입술을 깨물었다.

**눈을 뜨더니, "야!"**

얼마 전 가족들이 모여 이런저런 이야기를 하던 끝에 할머니의 그래도개년 이야기가 또 나왔다. 동생은 미국에서 어학연수 기간에 내가 자기한테 무슨 대단한 걸 해줬다는 듯이 이야기하는데, 실상은 자기가 밥 해줘 운전해줘 게다가 그랜드 캐년이 얼마나 힘들었는지 아느냐며 지금까지도 두고두고 자기가 살면서 가장 극한으로 힘들었던 기억이라고 하는 거다.

그 이야기를 듣던 남편이 갑자기 허탈하게 웃으며 한마디 했다.

"그래도 봤잖아. 난 보지도 못했어!"

# 아저씨 때문에? 아니, 덕분에!
관심

혼자 떠난 짧은 무계획 여행이었다. 방콕 공항에 오후 시간쯤 도착해 이것저것 팜플렛을 주워들었는데, 수상시장 관광상품이 눈에 들어왔다. 가지각색의 꽃, 싱싱한 과일들을 파는 수상시장 사진을 보며, 내 기분대로 혼자 택시나 툭툭을 타고 가겠노라 생각했다. 방에 짐을 후딱 풀어놓고 컨시어지 데스크 앞에서 사람이 오기를 기다리니 마음씨 좋아보이는 아저씨가 다가왔다. 덩치가 매우 크고 검은 양복을 입은, 정말 믿음직해 보이는 인상이었다.

"무얼 도와줄까요?"

수상시장을 혼자 가보려 한다고, 지금 가고 싶다고 했다. 아저씨는 잠시 생각하더니 이미 늦었단다. 아침에만 하는 시장이라 모두 닫았다고. 그러면 내일 아침에 가겠노라 하고 출발하면 좋을 대략의 시간을 확인했다.

다음 날, 아침 일찍 일어나 신나게 커튼을 열어젖혔다. 바깥을 보니 날씨도 좋아 기분 좋게 샤워한 후, 가뿐하게 옷을 챙겨 입고 지갑을 챙겼다. 전화 카드도 있어야 하고, 호텔 주소가 적힌 종이, 여권도. 그리고 잠깐, 카메라!

대리석 바닥을 탁탁 소리가 나게 걷는 게 나는 지금도 재밌다. 계단이면 리듬도 탈 수 있어 더 신난다. 그래서 그날도 탁탁 타다닥. 어제의 그 키 큰 매니저 아저씨가 보였다. 서서 이야기하니 나는 목이 꺾이도록 올려다보게 되고, 아저씨는 나를 한참을 내려다봤다.

"어제 못 간 수상시장, 이제 가려고요. 택시타고 갈까 하는데, 어디로 가달라고 해야 하나요?"
아저씨의 눈썹이 꿈틀했다.
"아침은 먹었나요?"
"아…뇨(?)"
갑자기 근엄해진 표정과 목소리로 아저씨가 나를 지긋이 눌렀다.
"After breakfast. 아침 식사 후에."

나는 아침을 안 먹어도 괜찮다며 수상시장 가달라는 말을 태국어로 적어달라고 했다. 다시 짧은 대답이 돌아왔다.

"After breakfast."

아저씨는 이번에는 설명을 덧붙였다. 호텔 조식이 잘 나온다며, 먹으란다. 나도 살짝 고집을 부렸다.

"고맙지만 아침은 안 먹어도 돼요. 그냥 시장 이름 좀 알려주세요."

아저씨는 한층 더 근엄해진 표정으로 고개를 저었다.

"After breakfast."

그러더니 아직 안 열었을 시간이란다. 그러니 아침 먹고 오라고, 그러면 알려주겠노라고.

그런 거면 진작 알려주지, 괜한 실랑이를 안 했을 텐데, 속으로 궁시렁대며, 한편으로는 역시 현지인에게 물어보길 잘했지, 하마터면 허탕칠 뻔했잖아 생각했다.

아저씨의 안내를 받아 아침 식사를 하러 들어갔는데, 아닌 게 아니라, 안 먹었으면 후회했겠다 싶었다. 죽도 맛있고, 카레도 맛있고, 과일도 한가득. 몇 접시를 비우며 알차게 아침 식사를 하고 느긋하게 커피까지 마셨다. 45분쯤 지나 다시 로비로 나가니 아저씨가 다른 직원과 이야기 중이었다.

'바쁘시구나' 잠시 의자에 앉아서 뛰어나가고 싶어

하는 발을 통통 바닥을 차서 진정시켰다. 나의 지루한 표정을 읽어 봐주길 바라며 아저씨를 뚫어져라 쳐다보았다. 그런데 매니저 아저씨, 분명 나랑 눈이 마주쳤는데, 내가 쏘아 댄 눈빛도 접수한 거 같은데, 말을 마치고도 나를 본 척 만 척하는 게 아닌가. 그냥 멀뚱하게 서 있을 거면서! 왜 아무 반응이 없는 거예요!

성질 급한 내가 결국 타다다 아저씨 쪽으로 걸어갔다. 아침 식사를 시키는 대로 잘 먹었으니, 어쩐지 칭찬받고 싶은 마음도 들었다.
"저 아침식사했어요!"
아저씨 눈썹이 다시 한 번 꿈틀하더니 의외의 대답이 돌아왔다.
"너무 위험해. 너 혼자서 가게 할 수 없어. 못 보내. 안돼."
너무 기가 차면 사람이 말을 더듬게 된다. 어제는 오늘 아침에 가라더니, 아까는 아침 식사 하면 알려준다더니 무슨…. 내가 얼마나 태국을 혼자 여러 번 왔는지, 잘 다닐 수 있다고 더듬더듬 말하자 아저씨는 나를 달래는 어조로 왜 위험한지 설명했다. 수상시장이 골목골목 되어 있고 사람이 실종되기도 한다고.
아니 저기요, 나는 그건 모르겠고요, 어제랑 오늘 아

침에 당신이 이래저래 했잖느냐 따지는 모드에 돌입했다.

흥분해서 쏟아내는 내 말을 잠시 가만히 듣던 아저씨는 말해봐야 안 통할 걸로 생각한 듯 이내 결의를 담아 입을 굳게 닫았다. 그러고는 자기 가슴팍 아래 높이에서 화르르 파다닥대는 내 머리 위로 멀뚱거리는 시선을 보냈다. 그렇게 그대로 장승이 되어 꿈쩍 안 하는 거다. 나를 봐주지도 응대해주지도 않는데 어쩌겠나, 포기할 수밖에. 허탈하고 괘씸하고 야속한 마음으로 호텔을 나섰고, 결국 그날 수상시장은 못 갔다. 뿐인가, 방콕 수상시장이 위험하다고 한 이야기가 귀에 맴돌아 아예 갈 용기를 잃어 그다음 날도, 그다음 여행에서도 못 갔다.

지금 돌이켜 생각해보면, 세상물정 모르게 생긴 작은 여자(애)가 어디 겁도 없이 혼자 돌아다니나 했을 아저씨가 이해된다. 그리고 포기하도록 그렇게 애써준 따뜻한 마음에 감사한다. 나는 어쩌면 정말 그 아저씨 덕분에 안전하게 여행을 마쳤을지도 모른다.

하지만, 방콕 수상시장은 아직도 내 버킷리스트에서 잠자고 있고, 동남아 수상시장이 TV 화면에 나올 때마다 나는 여전히 조금은 억울하다.

아저씨 때문에 아직도 못 가봤다고요!

# 장님 나라의 외눈박이
친구

  2014년, 회사의 인재 육성 프로그램의 일환으로 베이징에 갔다. 여러 차례 경험했던 베이징의 살인적인 공기오염과 2006년도에 베이징에서 두 달 어학 연수 할 때 겪었던 위생 관련 사건(?)들 때문에 사실은 가고 싶지 않았다. 석 달 동안 그냥 회사와 숙소만 오가야지 생각하고 운동화 한 켤레도 없이 하이힐만 챙겨서 출장 가듯 갔다.

  밤 11시에 숙소 체크인을 하고 보니 내가 약속받았던, 주방 기구며 타올 등, 모든 생활 집기가 다 있는 레지던스가 아닌, 가구만 덜렁 있는 빈 아파트였다. 당황스러웠지만 늦은 시각이라 어디를 갈 수도 없어 코트를 덮고 자고 다음 날 아침에는 면 티셔츠들을 모아 머리를 말리고 몸을 닦았다. 회사에 뛰어가 상황을 알리니 3개월 임대한 거라 무를 수 없다고, 필요한 걸 사고 회사에 청구하란다. 결국 가져간 하이힐 두 켤레가 닳도록 발품을 팔아 살림살이를 몽땅 사다 날랐다. 그때 깨달은 건데, 일 년을 살든 3개월을 살든 사람이 사는 데 필요한 물품의 가짓수는 똑같다(!).

그렇게 고된 첫 2주를 보낸 후 한숨 돌리고 나자 슬금슬금 몸이 근질거리기 시작했다. 회사 사람들에게 중국 요리를 좀 배우고 싶다고 하니, 동료들이 고개를 절레절레 저었다. 중국 요리학원은 식재료부터 가르치는데, 네가 배울 만한 환경이 아니라는 거다. 어떤 환경이기에 그러는지 호기심이 생겼다. 인터넷을 검색해 중국 재래시장을 둘러본 후 식재료 구입까지 도와주는 외국인 대상 관광상품을 알아냈다.

베이징 시내 좁은 골목길에 자리한 전통 가옥인 후퉁hutong에서 시작되는 코스였다. 일찍 가서 기다리니 일고여덟 명쯤 되는 다양한 국적의 수강생들이 하나둘씩 도착했다. 관광객도 있었고, 프랑스에서 온 네댓 살 정도 되는 남자애와 유모차에 탄 아기를 데리고 온 가정주부도 있었다. 그리고, 은색 단발머리의 작은 유럽 여자도 한 명 있었다. 체티나였다.

베이징 재래시장을 가보니 동료들이 왜 만류했는지 비로소 이해가 됐다. 시장의 규모, 상품의 종류, 냄새, 인파와 소음에 정신이 쏙 빠질뿐더러 흙바닥인 시장은 곳곳이 젖어 있고, 상인들과는 말도 안 통했다. 이런 곳에서 내가 알맞은 재료를 사서 요리까지? 내가 그런 걸 할 리가 만무하지 싶어 '이 관광, 대체 언제 끝나나' 생각하며 따라다니는데, 프랑스인 엄마는 가이드를 쫓아다니며 질문하고 필기하는 데에 여념이 없었다. 그녀로서는 생경한 나라에 와 아이들을 챙겨 먹여야 하니 필사적일 수밖에 없었으리라. 문제는 그녀에게 손이 두 개뿐이라는 것? 수첩과 펜을 들고 메모해 가며 유모차까지는 끌고 가는데, 아주 귀엽게 생긴 금발의 아들 녀석이 그 혼돈의 시장을 혼자 돌아다니는 거다.

아이는 실컷 돌아다니다 엄마에게 뭐라 이야기했는데 상대를 안 해주자 진창 섞인 흙바닥을 아예 뒹굴며 마구 울어댔다. 그러거나 말거나 투어는 계속 진행되어 무리가 이동하니 중국인 로컬 상인들도 걱정되는지 쫓아와서 가이드에게 뭐라 뭐라 했다. 가이드도 아이를 걱정하는데 정작 엄마는 귀에 검지를 갖다 대더니 날씬한 긴 팔을 쭉 펴서 아이가 우는 방향을 가리켰다. 그러고는 차분한 미소를 띤 채 고개를 끄덕이며 다시 귀에 갖다 댔다. 나도 듣고 있고 어디 있는지 알고 있다는 제스처였다. 그 와중에 유모차의 아기가 물고 빨던 인형을 물이 흥건한 흙바닥에 떨어뜨렸다. 내가 주워 엄마를 주니, 엄마는 그걸 아기에게 다시 줬다.

그게 시작이었다. 투어 1/3 정도부터 아기는 인형을 떨어뜨리고, 아들아이는 계속 대오를 이탈하여 돌아다니며 날뛰고, 엄마는 필사적으로 질문하고 메모하며 선생님을 따라다녔다. 정신을 차려보니 어느새 엄마가 투어에 집중할 수 있도록 나와 체티나가 함께 아이들을 챙기고 있었다. 우리 둘은 시장에서 아무것도 못 사고 빈손으로 투어를 마쳤고, 둘이 지하철역으로 가는 길에 결국 현대식 마트에서 저녁거리를 사며 함께 한바탕 웃었다.

그렇게 만나게 된 체티나는 은퇴를 앞둔 이태리 대사관 직원이었다. 은퇴하기 전에 동양에서 살아보고 싶어서 4개월 중국 파견근무 이야기가 나오자 손을 번쩍 들었단다. 벨기에인 남편은 혼자 이탈리아에 잘 두고 왔다고.

"아아… 역시 베이징은 저에게는 무리네요."라고 이야기하는 나에게, 체티나는 장난꾸러기 같은 표정으로 호기심 많은 눈을 반짝였다.

"오늘 너 그래도 여기까지 왔잖아. 내가 재밌는 거

많이 파는 데를 아는데, 같이 가볼래? 내가 안내할게."

그렇게 나를 낚은(?) 그녀는 산리툰 '짝퉁' 시장을 시작으로 베이징의 관광지는 물론, 어떻게 알았는지도 모를 작은 전시회와 찻집들에, 나로서는 들어갈 엄두도 못 냈던 진정한 로컬음식점 등으로 안내했다. 중국어를 한마디도 못 했지만 체티나는 실로 '신박한' 의사소통 능력의 소유자였다. 길눈은 또 어찌 그렇게 밝은지.

인생의 문제에 대해서도 이런저런 조언을 많이 해줬는데, 하루는 체티나가 나에게 자기 숙소에서 커피를 대접하겠다고 했다. 자기는 커피 취향이 매우 확고하다며 미니 모카포트로 내린 에스프레소를 내왔다. 그날 이런저런 이야기 중에, 결혼을 앞둔 나에게 조언해준 게 남편이 내 말을 잘 듣게 하는 방법이었다. 아주 쉬운 원리라며 비닐 매듭을 푸는 법과 같단다. 한 방향으로 계속 조금씩 끈질기게 돌리면 매듭이 풀린다며 직접 보여줬다. 현명한 체티나.

그렇게 체티나에게 의지한 나의 베이징 생활이 마무리가 되어갈 즈음, 체티나의 남편인 마크 올리버가 중국에 왔다. 저녁을 함께 먹기로 하고, 여느 때처럼 체티나가 나를 저녁 장소로 데려갈 수 있도록 지하철역에서 만나기로 했다. 저쪽에서 체티나가 헐렁한 청바지를 입은 키가 큰 할아버지랑 걸어왔다. 장난꾸러기 같은 함박웃음이 어딘지 체티나와 닮은 할아버지는 나에게 악수를 청했다. 나는 정중히 인사했다.

"체티나에게 얘기 많이 들었어요. 반갑습니다. 체티나 없으면 제가 베이징에서 어떻게 살아남았을지 모르겠어요. 다 데리고 다녀주고, 지하철 타는 법, 등 체티나가 다 가르쳐줬거든요."

마크 올리버는 정말 깜짝 놀라는 표정이 되었다.

"체티나가? 내 작은 체티나가 정말 그랬다고?" 하더니 나와 체티나를 번갈아가며 쳐다봤다. 체티나는 장난꾸러기같은 표정으로 고개를 끄덕였다. 마크 올리버가 갑자기 허리가 꺾이도록 파안대소했다.

**"장님나라에서는 외눈박이가 길 안내를 한다더니 그게 바로 여기였구나!"**

우리는 그 후에 내가 벨기에 출장 가서 다시 재회했고, 연말마다 소식을 주고받는다. 작년 12월 29일에 이메일이 왔다고 핸드폰에 떴다. 'Best Wishes'라는 제목의 이메일. 나의 작은 체티나.

## 이메일 이야기

 베이징에서 만난 친구 체티나와의 이야기인 「장님나라의 외눈박이」가 범우사 문예지 『책과 인생』에 실리기로 결정되자 체티나 이야기가 절반인데, 내 글이지만 내 맘대로 내보내도 되는 걸까, 마음이 쓰였다.

 생각난 김에 소식도 전하고, 글에 대한 허락도 구할 겸 체티나에게 이메일을 쓰다보니 어떤 내용인지, 당신은 어떤 이미지로 나오는지, 등 설명이 너무 길어지는 게 아닌가. 이럴 거면 차라리 번역을 하겠다, 싶어 초벌 번역 정도로 해서 보냈다.

 금세 온 답장에서 다행히도 체티나는 매우 재미있어 했다. 그뿐 아니라 잊고 있던 기억이 떠올랐다며 이야기 한 조각을 더했다.

> "그 재래시장 경험 덕분에 나는 내가 다니던 현대식 슈퍼마켓 근처에서 파는 따뜻한 번bun을 살 용기를 낼 수 있었답니다."
>
> After this market experience I dared to buy warm buns that were sold near the modern supermarket where I did my shopping.

 체티나도 나에게 티를 안 냈을 뿐, 적응하느라 고생했구나 생각하니 새삼 뭉클했다.

# 이웃, 마틸다
취향



꾹꾸 구국 꾹꾸 구국.

 봄에서 여름으로 넘어가는 어느 날, 중저음의 새소리가 아침 햇살과 함께 창문 블라인드를 줄기차게 비집고 들어왔다. 잠결에 아, 이거 뭐야 했는데 듣다 보니 제법 리듬이 있었다. 어쭈, 제법인데? 눈 감은 채 듣다 쿡 웃었다. 그러고 보니 어디선가 들어본 듯한데 어디였을까? 며칠 동안 날마다 그 소리에 잠을 깨며 창문을 열고 소리의 주인을 찾았지만 매번 허탕이었다. 새소리에 대한 관심은 이내 사라졌다. 그러다 어느 오후, 옥상에 올라가 텃밭에 물을 주는데, 또다시 들렸다. 꾹구구국 꾹구구국. 고개를 돌려보니 재갈색의 새 한 마리가 앉아 있었다. 나의 마틸다, 멧비둘기였다.

마틸다는 사우스 샌프란시스코South San Francisco 시절, 1층이었던 침실 창문 밖 나무에 둥지를 튼 멧비둘기에게 내가 붙여준 이름이었다. 그 집은 10개월 가량 나 혼자 지낼 용도로 회사 근처에 구했던, 1960년대에 지어진 아파트였다. 왕복 서너 시간 걸리는 출근길 교통난을 참다못해 유럽 출장 중에 부동산 중개업자가 보내준 사진만 보고 계약한 집이었다. 실제로 가보니 깨끗하기는 했지만 어마하게 낡은 데다 주변도 어두워 치안도 살짝 걱정됐다. 하지만 엎지른 물이었고, 실망할 시간도 없던 때라 집 열쇠를 받자마자 바로 남편과 침실 1개, 거실과 주방에 필요한 가구들과 용품들을 사러 근처의 이케아에 갔다. 끝도 없이 넓은 매장을 누비며 가성비와 용도만 고려하여 수십 가지의 물품을 커다란 카트 두 대에 던져 넣었다. 용달 예약 시간에 맞춰 세 시간도 안되어 후루룩 쇼핑을 마쳤는데, 10분 늦는다는 전화를 시작으로 약속 시간을 30분, 1시간을 넘기더니 급기야는 용달이 못 온단다. 어쩔 수 없이 며칠 후에나 온다는 이케아의 배송 서비스를 한 시간 넘게 줄을 서서 신청하고 훨씬 비싼 값을 치렀다. 당장 필요한 생활용품과 차에 실을 만한 자잘한 가구들은 작은 도심형 SUV에 백미러를 보기 힘들 정도로 가득 싣고 왔다.

DIY 가구인 탓에 두 주말에 걸쳐 남편과 책장, 소파,

아일랜드 식탁까지 조립하여 세팅했는데, 열심히 꾸린 집이기는 하지만 내 취향도 내 물건도 없어 호텔처럼 황량한 느낌이었다. 출장도 잦은데다 주말에는 격주로 남편이 있는 어바인에 가니 집은 한 달이면 보름은 비어 있었다. 정붙일 필요 없는 공간이니 꾸밀 필요도 없다 생각했지만, 집에 들어가면 우울해지는 건 어쩔 수 없었다.

그러던 어느 오후, 문득 침실이 답답하다고 느껴져서 블라인드를 걷었다. 그런데, 이게 웬일이람. 창밖의 나무 위에 곱고 참하게 생긴 회갈색 새 한 마리가 그림에 담은 듯 다소곳이 둥지 안에 앉아 있는 게 아닌가! 행여라도 나를 알아채고 도망갈까 봐 조심조심, 하지만 신이 나서 사진을 찍었다. 남편에게 보내주며 이웃의 마틸다라고 소개했다. 새가 어쩜 그렇게 계속 둥지에 앉아만 있는지 신기했는데, 머지않아 알을 품고 있음을 알게 됐다. 마틸다가 품었던 세 개의 알은 나중에 부화해 세 마리의 아기새가 되었다. 다큐멘터리 프로그램에서 봤듯 아기새들은 입을 벌려 먹이를 보챘다. 마틸다가 바지런히 그 입을 채워주는 광경이 유리창 하나를 두고 내 눈앞에 있었다. 그 뜻밖의 이웃이 생긴 후 나는 평소대로 계절에 따라 꽃으로, 화분으로, 때로는 망고나 홍시 같은 후숙 과일 디스플레이로 집에 향과 색을 채웠다. 그렇게 그 집은 내 집이 됐다.

**꾹꾸 구국, 꾹구 구국.**

깜빡하고 있다가 '오늘 아침 여덟 시에 미팅이었지' 하고 부랴부랴 집을 나섰다. 노트북, 핸드폰, 지갑, 또 뭐 잊은 거 없나? 중얼거리며 내려가니 1층 주차장 차바퀴 뒤에서 반지르르한 회갈색 머리에 까만 구슬 같은 눈동자를 한 자그마한 새 한 마리가 머뭇거리며 걸어 나왔다. 마틸다였다!

반가운 내 마음을 아는지 모르는지 참한 표정을 한 마틸다는 어디를 그리 급히 가느냐며 고개를 갸우뚱, 하곤 나를 보며 말을 거는 듯했다.

**꾹꾸 구국 꾹꾸 구국….**

# 발가락을 도도독
건강

 올해 초, 재활운동 선생님이 스쿼트 동작을 알려줄 텐데 준비 자세로 발가락을 펴서 지면을 발 전체로 눌러야 한다고 했다. 발가락을 펼치라는데 내가 못 하자 의자를 하나 가지고 와 앉혔다.
 "자, 엄지발가락을 위로 올려보세요."
 거울 앞에서 나는 발을 내려다봤다.
 "엄지발가락을 위로 올려보세요. 지금 하고 있는 건가요?"
 "…. 그거 어떻게 하는 거예요? 하는 방법을 모르겠어요."
 발가락을 움직이는 방법을 설명해 달라는 내 말에 선생님이 "아니, 이게 어떻게 된 건가요, 아예 움직이지 않는 건가요?" 하며 웃었다. 한참을 용을 써도, 머릿속으로 강아지에게 앉아, 일어서 하듯 노려보며 움직이라고 아무리 명령해도 발가락은 꿈쩍 안 했다. 이게 다른 사람은 된다고? 짜증 섞인 의심마저 들었다. 다른 사람들은 정말 이게 되느냐는 질문에 선생님이 양말을 벗고 시범을 보였다.

"우와, 오오! 정말 되네요. 되는 거군요!"

발가락들이 마치 한 덩어리로 뭉친 나무토막같이 된 게 정상이 아니란 걸 알게 되자 처음에는 충격을 받았지만, 곧 개선작업에 들어갔다. 선생님의 권유대로 발바닥 근막을 풀어주는 데 사용할 홍두깨와 종아리 근육을 푸는데 좋다는 스트레치 보드를 바로 장만했다. 그런 후 아침저녁으로 홍두깨를 발바닥으로 뜨득뜨득 굴려주고 스트레치 보드에 올라서 종아리를 풀었고, 발가락 펼치는 연습은 시도 때도 없이 했다. 티비 보면서도, 일을 하다가도 생각만 나면 엄지발가락을 먼저 바닥에 붙여 고정한 후 다른 발가락들을 펼쳤다. 그렇게 3주 정도를 하자 엄지발가락이 빼꼼 고개를 들기 시작하고 두 달 정도가 지나자 발가락들을 펼친 상태에서 엄지발가락부터 순서대로 도도독 접을 수 있었다. 그렇게 몇 달이 더 지난 어느 날, 무심코 발연습을 하다 내가 깜짝 놀라서 남편에게 말했다.

"대박. 이것 좀 봐, 발이 예뻐졌어!"

대학 입학하면서부터 목 디스크 진단을 받을 때까지 15년가량을 7cm 하이힐만 신어 엄지발가락이 새끼발가락 쪽으로 뒤틀려 있던 발이었다. 그런데 그게 남편의 눈으로 보기에도 엄지발가락 위에 복숭아뼈마냥 툭 튀어나와 있던 것도 줄어들고 발가락이 휜 것도 많이 좋아졌단다.

그 외에도 재활운동 세션을 가서 많은 걸 배웠는데, 그중 가장 중요한 게 광배근의 존재였다. 바른 자세를 할 때 어깨를 내려야 하는데, 이때 광배근을 사용해야 하는 게 핵심이었다. 겨드랑이 아래에서 옆구리 부분에 해당하는 근육인데, 있는 줄도 몰랐던 터라 처음에는 '근육 찾기'부터 해야 했다. 근육을 몇 주 걸려 찾은 후 집에서 길에서 어디서든 내 모습이 비치기만 하면 광배근에 힘주는 연습을 했다. 그것만으로도 자세가 바르게 되는 것을 눈으로 볼 수 있었다.

그렇게 비틀렸던 몸을 서서히 펴나가니 어디가 아픈지 특정할 수도 없게 몸을 괴롭히던 통증이 거의 사라지고 힘도 세졌다. 좀 살 만 해졌다 싶어지며 새로운 걸 하고 싶은 마음이 스멀스멀 올라왔다.

어느 날, 운동을 다녀오던 길이었다. 동네 놀이터 옆 농구대에서 십 대 남자아이들이 몰려 농구를 하고 있었다. 예전에 시험 점수를 따기 위해 골 넣기 연습만 했지, 게임 한 번 해본 적이 없어 정작 농구의 룰은 90년대 '국민 만화책'이자 스포츠 만화의 '레전드'였던 슬램덩크를 보며 배웠던 게 생각났다. 그러면서 나도 지금의 체력이면 농구공을 드리블, 슛을 해 골망에 들어가게 할 수 있을까 궁금해졌다.

나는 호기심을 충족하기 위해서는 조금 창피한 건 감수하는 편이다. 하지만 아무리 그런 나라도 경기 한 번 해본 적 없고 농구공을 잡아본 지도 삼십 년인데 십 대들의 농구에 낄 용기는 나지 않았다. 그렇다면 어쩌겠는가, 남편이라는 건 원래 '극한직업'인 거야 하며 남편을 붙들고 노래를 부르기 시작했다.

"저기 농구 골대 있는 거 알아? 정말 재밌겠지? 딱 한 번만 같이 해보자. 응? 응? 응?"

몇 주가 지나도록 들어주지 않자 나는 쇼핑 앱에서 수많은 농구공 중 하나를 골라 옆방에서 티비보던 남편에게 톡을 보냈다. 읽었으면서 무시하나 싶던 찰나, 남편이 답을 보냈다.

'농구공 살 거면 무조건 이거.'

농구공이 도착하고, 두근두근 하는 마음으로 야구 모자를 눌러쓰고 에코백에 공을 담아 남편과 함께 농구 골대가 있는 동네 놀이터로 나갔다. 시간대가 좋았는지 의외로 비어 있었다. 준비운동 삼아 몇 번 패스를 주고받고 조금 뛴 후에 남편이 던지라고 정해준 자리에서 공을 받아 들었다. 탕 탕 탕탕 탕, 공을 튀기고 두 손으로 공을 잡아 밀어내는 느낌으로 슛~! 의외로 공이 포물선을 그리며 높이 날아 골대의 림에 닿는가 하더니 통하고 튕겨 나왔다. 들어가지 않았지만, 공을 그 높이까지 보냈다는 게 스스로 대견했다.

"제법인데! 다시."

남편이 공을 잡아 던져주며 위치를 바꿔 슛을 해 보는데 이게 웬일, 10번을 주면 잘 안들어가도 2개, 가장 잘 들어갔을 때는 6개까지도 성공하는 게 아닌가! 이십 년 만에 농구공을 잡아봤다는 남편도 10번 던지면 4개에서 10개(!)까지 들어갔다. 인정은 안 했지만, 공을 미들슛, 레이업, 훅슛 등 이것저것 던져보는 게 본인도 재밌어하는 게 보였다. 나도 그걸 보고「슬램덩크」강백호의 "왼손은 거들 뿐", "놓고 온다" 등의 명대사를 흉내내며 깔깔댔다. 중년의 부부가 슛연습을 하고 있으니, 유모차를 끌고 혼자 산책 나온 아기 아빠가 가다 말고 서서 우리를 지켜봤다. 십 대 아이들은 신기하게도 슬램덩크 만화를 어떻게 아는지, 자전거를 타고 지나가며 "강백호다!" 소리치며 놀렸다. 그러거나 말거나 땀에 절어 헥헥거리면서도 신나게 노는데 초등학교 2학년쯤 되는 작은 여자아이 둘이 손을 꼭 잡고 다가와 우리를 빤히 쳐다봤다. 해보고 싶으냐 물으니 둘이 동시에 고개를 끄덕였다.

공을 넘겨주고 여기서 던져보라고 남편이 가이드를 주자 첫 번째 아이가 슛을 했다. 성인용 농구공이라 무거운데다 골대도 어린이용이 아니니 공은 당연히 골대 근처도 못 갔다. 다른 아이에게도 공을 줬지만 같은 결과였다. 다시 한번 할래? 물으니 이번에는 동시에 고개를 저었다. "그래? 그럼, 오늘 참 잘했어." 칭찬하니 아이들은 돌아서서 다시 손을 꼭 잡고 걸어갔다. 뿌듯해하며 말하는 게 들렸다.

"우리 오늘 농구했다."

그 모습을 보며 저 아이들은 우리 때 여자아이들과는 달리 농구를 만화책이 아닌 반 대항 시합 같은 걸로 배우고 몸을 움직이는 즐거움을 빨리 깨치면 좋겠다는 생각이 들었다. 나도 몸을 쓴다는 게 얼마나 즐거운지 더 일찍 알았으면 좋았겠다 싶지만, 뭐 그래도 이게 어딘가 말이다. 오늘도 발가락을 도도독 접으며 한번 혼자 나가볼까? 궁리를 한다.

# 금니 삽니다
유머

 겨울이면 우리 동네에는 "찹쌀- 떡!"으로 시작되는 목소리가 차가운 밤공기를 타고 울려 퍼지곤 했다. 그다음 단어는 잘 들어보려 애를 써도 나에게는 '메에-에엥-'으로만 들렸다. 무심하게 지내다 대학생 때였던 듯한데, 하루는 엄마에게 여쭤보니 메밀묵이란다.
 '보쌈에는 김치', '떡볶이에는 튀김'처럼 음식 간의 궁합이랄까 논리랄까 하는 연관성이 없는 탓에 안 들렸던 거라고 속으로 핑계를 댔다. 그런데, 메밀묵인 걸 알게 되니 더욱 이상했다. 한겨울에 왜 차가운 음식을? 그것도 그런 이상한 조합으로? 갑자기 궁금해졌다. 그 후부터 소리가 들릴 때면 급하게 슬리퍼 차림으로 어떤 저녁은 이쪽, 어떤 밤은 저쪽 골목으로 수도 없이 뛰어나갔지만, 번번이 아저씨는 소리만 있었다. 그렇게 한 번도 만나지 못한 채 찹쌀떡 아저씨는 전설 속 설인 빅 풋Big Foot처럼 내 기억 저편에 묻혔는데, 작년 겨울, 한강 변 노을을 보고 집에 돌아오는 산책길에 드디어 만났다(!).

"찹쌀- 떠억!"

세상에, 찹쌀떡 아저씨가 좀 멀기는 해도 보이는 곳에 있는 게 아닌가, 이런 행운이 있나. 골목으로 꺾어 들어가려는 아저씨를 다급하게 부르며 뛰어갔다. 헉헉대며 찹쌀떡과 메밀묵을 달라고 하니 아저씨가 메밀묵은 없단다. 대신 다른 떡이 한 종류 더 있다며 가방을 열어젖혔다. 메밀묵이 없는 게 못내 서운했지만, 찹쌀떡만이라도 어디냐 싶어 덥석 샀다. 기대감에 부풀어 집에 들어와서는 부랴부랴 사진부터 찍었다. 이십여 년 못 푼 궁금증이 풀리는 역사적인 순간이었다!

아아, 그런데 이걸 어쩐다. 실망스럽게도 그간 궁금해했던 세월이 아까울 정도로 맛이 없었다. 가슴 두근두근한 것들이 나이가 들어갈수록 줄어드는데, '차라리 그냥 궁금한 채로 남겨 둘걸' 싶어 어찌나 속이 상하던지 소중한 보물을 잃어버린 기분마저 들었다.

그런데 얼마 전, 집에서 혼자 저녁을 먹던 중에 딱딱

한 이물질이 느껴졌다. 이게 뭐지, 뱉어보니 금니였다. 당황한 건 한순간, 곧바로 헤실헤실 웃음이 나왔다.

'드디어, 갈 수 있게 됐다. [금니 삽니다]에!'

나는 금과 전혀 관계없는 업종의 작은 가게 앞에서 [금니 삽니다] 간판을 볼 때마다 찹쌀떡 메밀묵처럼 엉뚱한 조합에 쿡쿡 웃음이 나온다. 그 뒤에서 금니 거래가 어떻게 되는지 너무 궁금하지만 팔 금니가 없는데 들어가 묻기도 뭣하고, 멀쩡한 금니를 뺄 수도 없는 노릇이니 그저 궁금해만 한 게 여러 해 된 터였다. 들뜬 마음으로 금니를 작은 봉투에 담아 서랍 안에 고이 모셨다.

다음날 뛰어간 치과에서는 선생님이 삐진 부위를 보더니 혹시 금니를 씹지는 않았는지 물었다. 왜 그러느냐 물으니, 형태가 그대로면 다시 붙여줄 수 있단다. 생각해보니 곱게 툭, 빠졌고 씹지는 않았던 것 같았다. [금니 삽니다]에 갈 기회가 이렇게 눈앞에서 사라지는구나, 재활용 안 해도 괜찮으니 그냥 새로 해달라고 할까 잠시 망설였지만, 나는 합리적인 경제활동을 하는 '성숙한' 어른이다. 실망감을 감추고 빠진 금니를 금방 가지고 오겠다 했다. 집에 가서 다시 자세히 들여다본 금니는, 실망스럽게도 멀쩡해 보였다. 치과로 다시 향하는데, 작은 한숨이 나왔다. [금니 삽니다]에 못 가게 된 게 굉장히 섭섭했다. 그리고 문득 대학 시절 어느 골목에서 마주친 파란 대문 집이 떠올랐다.

  대학생 때 화가 나면 어디인지도 모를 길을 두 시간이고 세 시간이고 무작정 걷던 습관이 있었다. 어느 날인가도 쿵쾅대며 걷던 중이었는데, 꼬불꼬불 들어간 골목의 중간쯤 시골집처럼 생긴 파란 대문 집이 눈에 띄었다. 가까이 다가가서 보니 여기저기 녹은 슬었지만, 색이 아주 선명한 파란 대문이었다. 그 대문을 둘러싼 나지막한 회색 담은 내 작은 키로도 까치발을 하면 안을 볼 수 있을 것 같았다. 자그마한 집의 낮은 담벼락에 누가 쓰레기를 자주 버리는지 대문에는 'CCTV 있음. 쓰레기 버리지 마시오.'라고 써 붙인 경고장이 붙어 있었다. 요즘처럼 CCTV가 흔하지 않던 시절이었던 데다 그런 걸 매달 만큼 높은 담도, 대문도 아니었기에 처음에는 안타까울 만큼 무력한 협박이다 싶었다. 그런데 마땅한 종이가 없어서였는지, 경고문을 작은 종이에 구겨 넣다시피 꽉 채워 썼다는 걸 깨닫자 절박했을 그 마음이 느껴졌다. 내가 못 찾은 거지 혹시 진짜 있는 건 아닌지, 아니면 아예 정말 CCTV가 있었으면 좋겠다 싶었다.

  갑자기 파란 대문 뒤에서 '네 이놈, 누구든 잡히기만

해 봐라' 혼낼 태세를 하고 구부정한 등을 한 중년이 작은 모니터를 뚫어지게 들여다보고 있는 모습이 떠올랐다. 내가 기웃거리는 걸 덜컥 잡으러 뛰어나올 거 같았다. 나도 모르게 킥킥 웃음이 나서 황급히 골목을 빠져나온 후에야 아하하 웃었다. 왜 화가 났었는지 말끔하게 잊고 마음이 풀려 집에 돌아갔었다.

 그때 일이 갑자기 떠올랐던 건 [금니 삽니다] 간판이 빨간 바탕에 노란색 글씨라 파란색 대문과 같은 원색이어서였을까? 어찌 되었든, 다행히도(?) 내 금니는 내가 대차게 한번 씹었단다. 그래서 재사용할 수 없었고, 나는 꽤 큰 금니를 가지게 되었다. 보통은 치과에서 알아서 팔고 치료비에서 그 값을 빼준다는데, 내가 그걸 꼭 가져가야 한다니, 치과에서 희한하게 보기에 설명해드렸다. 오랫동안 가보고 싶던 [금니 삽니다]에 가볼 기회라 놓칠 수가 없다고.

 그때 그렇게 금니 치료를 받고도 나이 들어가는 티를 내느라 치과를 몇 차례 더 다녔는데, 선생님이 한번은 치료를 준비하면서 [금니삽니다]에 다녀왔느냐고, 자기도 궁금했다면서 웃었다.

 그리하여 요즘 나는 금니 하나를 가슴에 품고 산다. 어디에 있는 가게를 갈 건지에 대해서는 찹쌀떡의 기억이 있어 매우 신중하다. 내가 들어설 [금니 삽니다] 가게는 날도 적당해야 하고 업종도 외관도 적당해야 한다. 그건 어느 속상한 비오는 날 쥬얼리샵이 될 수도 있겠고, 맑고 화창한 날 느긋한 산책 중에 만나는 허름한 복권방일지도 모르겠다. 가능성과 조합은 무궁무진하니 상상만으로 재밌다. 들어갈까말까 다양한 가게 앞을 기웃거릴 때면 찹쌀떡 아저씨를 쫓을 때처럼 가슴이 콩닥 뛴다.

# 닳아 없어져도

자아

 도망가 보지 않은 사람은 모른다. 그게 얼마나 '이히히' 좋은지. 영화와 드라마 탓에 '도망'이라 하면 으레 범죄나 로맨스 관련된 도피가 떠오르지만, 여행 갈 결심을 굳히고 난 이틀 후 새벽, 떠나는 비행기에 앉으면서 '나는 도망치는 걸까?'라는 생각이 스쳤다. 마음에 안 드는 생각이라 머리에서 떨쳐냈다. 나는 그냥 여행 다녀오는 거라 되뇌었다.

 여행의 발단은 나만의 시간이 필요하다고 남편에게 친 SOS였다. 기간은 처음에 말을 꺼낼 때는 2박 3일이라고 했는데 대화하며 점점 늘어 2주가 되었다. 기간과 비례해 여행지까지의 거리도 자연스레 점점 늘어났다. 여수에서 제주도, 동남아, 하와이를 거치더니 파리로 최종 결정되었다. 고려한 요소는 세 가지였다. 시차가 있어야 했고, 안전해야 하며, 모든 걸 놓고 몰입할 수 있는 색다른 환경이어야 했다. 파리는 일고여덟 시간의 시차가 있고, 올림픽을 코앞에 둔 시점이니 그 어느 때보다도 도시가 안전하고 깨끗한 시기일 테고, 영어가 잘 안 통하는 나라이니 적합하겠다 싶었다. 물론 다 합리화이고 어쩌면 답은 처음부터 정해져 있었는지도 모른다. 10년 전에도 머리를 식히기 위해 혼자 여행 간 데가 파리였으니 말이다.

비행기에 몸을 실었는데, 대여섯 시간 비행이면 모를까, 이제 멀리 가는 여행은 못 할 것 같다고 작년에 남편에게 얘기했던 게 무색하게 갇혀 있는 열 몇 시간이 그렇게 좋을 수가 없었다. 누구와도 연락이 닿지 않는 상태가 어찌나 좋아 잠도 오지 않고 피곤하지도 않았다. 여기저기 편하게 막 신는 경량 가죽 신발을 벗고 슬리퍼로 갈아 신으니 좁은 자리가 편안하기까지 했다. 시간이 지날수록 계획했던 일, 가족에 대한 책임 등 무거운 마음의 짐이 떠올랐다가 한 올씩 녹아 없어졌다. 조금씩 가벼워지더니 아예 가뿐해진 마음이 되어 파리 샤를 드골 공항에 내렸다. 입국 심사의 긴 줄도 길게 느껴지지 않았다. 그런데, 이런, 그때부터였다. 도망의 증거들이 하나둘씩 툭툭 나오기 시작했다.

  제일 먼저 나온 건, 여행자보험이었다. 나는 출장이든 여행이든 해외에 나갈 일이 생기면, 반드시 여행자보험에 가입한다. 쓸모없다는 사람도 있지만 나만의 표준 절차인 셈이다. 이번 여행에서도 보험에 가입하려고 인터넷 브라우저까지는 열었는데, 가입 완료를 안 한 게 공항 입국 수속 대기 줄에서 생각난 거다. 깜짝 놀랐지만, 침착하게 혹시라도 입국 전에는 가입시켜주지 않을까 싶어 대기하는 시간 동안 인터넷을 검색했다. 여러 사이트를 찾아봤으나, 결론은 같았다. 출국 전에 했어야 한단다. 그간 여행자보험을 쓸 일이 생긴 적이 실은 단 한 번도 없었기에 이번에도 없을 거야, 불안한 마음을 다독였다. 그리고 상비약이 있을 거니까, 그래, 넣은 기억은 없지만 내 오랜 습관상 상비약은 반드시 넣었을 걸로 생각했다.

  우여곡절 끝에 잡은 택시를 타고 공항에서 출발했다. 창밖에는 비가 제법 내리고 있었다. 불어로 적힌 표지판들을 스쳐 지나 파리 시내 외곽으로 접어드니 사람들이 보였다. 빗방울이 굵은데도 유럽 사람들답게 우산은 별로 없고, 아이 어른 할 것 없이 우비를 입거나 그냥 비를 맞았다. 평소대로라면 기내에 갖고 타는 배낭에 넣었어야 하는 우산인데, 부친 짐에는 있는지 궁금했다. 센강을 건너 숙소에 다가갈수록 길은 좁아지고, 가로등 불빛과 건물이 고풍스러워졌다.

대충 가격과 안전한 구역인지만 보고 첫 6일용 숙소를 예약한 건데, 도착하고 보니 에어비앤비를 하는 개인 집 300여 개를 모아 호텔처럼 나름의 프로토콜을 가지고 운영하는 곳이었다. 내 숙소는 아파트였는데 로비가 없어서 체크인해줄 사람을 길거리에서 기다려야 했다. 추적추적 비는 계속 오고 어둑해지며 추워지기 시작했다. 다행히 바로 앞 버스 정류장에서 비는 피했지만 '곤고하다'는 단어가 떠올랐다.

30여분을 기다린 후 숙소에 들어서서 가방을 펼치는데 기가 찼다. 얼마나 정신없이 짐을 쌌는지 숫제 남의 가방을 여는 기분이 들었다. 짐을 풀어보니 입고 나갈 만한 게 상의는 긴 팔, 짧은 팔 운동복 티셔츠 한 벌씩, 하의는 청바지 한 벌과 가벼운 정장 바지 하나, 거기에 원피스 하나가 다였다. 나머지는 모두 집 안에서 입는 잠옷류였다. 우산도, 상비약도 없었고, 분명 운동화를 꺼냈던 거 같은데 그마저도 없었다. 내 눈앞에 빼도 박도 못하게 명확한 도망의 증거가 펼쳐있었다.

여러 차례 경험했지만, 나의 경우 번아웃을 극복하는 방법은 주로 '도망'이었다. 번아웃의 이유는 주로 일에서 왔는데, 이번에는 가족이었다. 마른 우물에서 있는 힘, 없는 힘을 다해 활발한 기운과 '긍정'을 퍼낸 지가 몇 달이었다. 더 단단한 마음이 필요한 다음 단계로 넘어가야 하는 상황이 되니 본능적으로 빨리 쉬어 줘야 한다는 생각이 들었던 것 같다.

이번 '도망 여행'에서 나는 원했던(?) 새로운 경험을 실컷 했다. 입고 간 티셔츠까지 상의 세 벌을 3일에 한 번씩 빨래를 해가며 돌려 입었고, 숙소에 처박혀 있기는커녕 얼마나 뛰놀아 다녔는지 신고 간 신발은 쿠션이 닳아 축이 무너졌다. 여행 이틀 만에 생긴 발목의 작은 상처가 덧나 여러 차례의 약국 방문 끝에 현지 병원까지 찾아가는 수고도 했다. 매일 모르는 곳을 들쑤시듯 힘차게 탐험하고 밤에는 '완전히' 뻗었다. 그렇게 지내니, 마른 우물에 물이 퐁퐁 차올랐다. 한국에 돌아갈 날이 다가오며 가만히 생각을 정리했다. 내 우물이 차 있지 않고서는 다른 이에게 퍼줄 게 없음을 깨달았다.

**내가 남을 챙기기 위해서는 나의 안녕을 먼저 단단하게 챙겨야 하는구나 생각했다.**

마음을 굳게 먹고 우물을 가득 채워 집에 돌아온 나는 함께 2주를 달려준 닳은 신발을 버렸다. 그리고 당장 다음날부터 강아지마냥 챙겨야 하는 줄줄이 일정은 슬쩍 못 본 체하고, 먼저 똑같은 신발 한 켤레를 다시 주문했다.

⟨Toddlerhood⟩ 67cm x 45cm

# The Show Must Go On
회복력

　대학 시절, 1학년 모두 들어야 하는 필수 '교양영어' 수업이 있었다. 입학 후 첫 시간, 어색한 공기로 조용하게 설레던 강의실 문을 열고 들어온 건 브라운 그레이 양복에 조끼를 받쳐 입은, 작은 체구의 교수님이었다.

　마음의 준비를 할 새도 없이 시작된 수업의 첫 본문은 「The Show Must Go On공연은 계속되어야 한다」이라는 제목의 에세이였다. 오래전이라 정확하진 않지만, 아버지가 돌아가셔서 울어야 마땅한 날에 남을 웃기기 위한 공연을 준비하는 코미디언에 대한 이야기였던 걸로 기억한다.

　퇴직한 명예교수였던 교수님은 그 연배의 노인답지 않은 짱짱한 목소리로 "the show must go on"이 나오는 부분을 열정적으로 호통치듯이, 무덤덤하게, 속삭이듯, 톤을 바꿔가며 반복해서 꼭꼭 눌러 읽어주셨다. 그 당시에는 교수님의 "더 쇼 머스트 고우 온"이라는 말이 앞으로 돌격하라는 귀 따가운 구령으로 들렸는데, 나이가 들어가면서는 아무리 힘들어도 삶은 계속되어야 하니 그냥 버티라는 서글픈 채찍이 되어 인생 참 쉽지 않구나, 싶은 순간에 때때로 생각났다.

2022년, 코로나19 팬데믹으로 인해 사회적 거리 두기를 착실하게(?) 하며 2년 정도 지나니 어느새 '넷플릭스'가 절친한 친구가 되어 있었다. 전세계가 동시에 마비된 시대상을 반영했는지 디스토피아적 컨텐츠가 쏟아져나왔던 시기였다. 나도 밝은 컨텐츠보다는 디스토피아적 세계관을 더 많이 소비했는데, 「원 헌드레드One Hundred」라는 미국 드라마도 그중 하나였다. 드라마는 지구 멸망 후 우주에 떠돌던 잔여 인류가 백 명의 문제아를 선별해 지구로 내려보내며 시작한다. 다시 살만한 환경이 되었는지 지구를 탐사하는 아이들의 삶은 쉽지 않아 오로지 살기 위해 연대하고 배신한다. 잔인하게 죽고 죽이는 싸움도 일상으로 하는데, 적이든 동료든 마지막 의식으로 상대에게 "Your fight is over.너의 싸움은 끝났다."라고 말해준다. 수많은 장면 속 여러 인물의 입으로 숱하게 반복되는 이 대사가 어쩐지 마음에, 그리고 머리에 남았다.

지금은 아득하게마저 느껴지는 코로나19 팬데믹 시기에 나의 친구 넷플릭스와 이렇듯 '집콕'생활도 했지만, 다른 모두와 마찬가지로 내 일상도 뒤집혀 힘들어지고 복잡해졌다. 수시로 바뀌는 재택과 출근을 오가며 회사일 하랴, 집에 있는 시간과 비례해서 늘어난 집안일 하랴, 양가 부모님 병원 일정까지 챙기며 바삐 살았다. 그러다 드디어 맞은 백신으로 자유를 좀 누리게 되나 했는데 백신 2차, 3차 접종 후, 8년 전에 나았던 목디스크가 재발하고 관절염에 신경통까지 왔다. 여러 병·의원을 전전하며 몇 달을 버티다 절박한 마음에 재활 운동센터를 찾아갔다. 왜 왔느냐는 말에 24시간 몸이 괴롭고 통증 없는 몸이 어떤 건지 기억나지 않는다고 대답했다. 말하면서는 내 귀에 들리는 내 목소리가 내 입에서 나온 거 같지 않아 이상하다고 생각했던 듯하다. 당시의 내 삶은 버티는 거였지, 내 일상에 내가 없었다. 웃겠다 작정하고 들어온 관객을 위한 공연을 해내는 일상의 연속만 같았다.

그때가 '은퇴' 결심의 시작점이 아니었나 싶다. 사십대 후반에 회사를 그만두면 다시 돌아갈 자리를 찾는

게 쉽지 않을 테지만, 직장생활 이십여 년이 얼마나 빠르게 지나갔는지를 생각해보면 앞으로의 이십 년은 더 빨리 갈 터, 그렇다면 지금까지처럼 버티기만 하다 죽는 건 너무 억울할 성싶었다. 그 당시에는 결국 회사의 권유대로 퇴직 대신 휴직을 신청해놓고 파란 하늘이 펼쳐진 한강변을 따라 걸었다. 한파주의보가 내렸던 날이었다. 따갑도록 차가운 바람이 눈을 찔러 오후 다섯 시경부터 흐르기 시작한 눈물은 이불 속 울음이 되어 밤 열두 시가 넘어서도 머리가 아프도록 멈추지 않았다. 내 성에 차는 결과물이 아직 완성되지 않았는데 그만두었다는 자책감, 내 체력이 예전같이 나의 성미를 받쳐주지 않는다는 서러움, 그리고 한편으로는 「원 헌드레드」 속의 대사처럼 '나의 싸움이 끝났다My fight is over'는 안도감이었던 것 같다.

막상 휴직에 들어갔는데 낯설었다. 무얼 하며 쉬어야 하는지, 어떻게 하는 게 '쉬는' 건지 알 수 없어 바로 신청할 수 있는 모든 강좌를 들여다보고 열여섯 개를 골랐다. 하루 한두 개씩 평소 궁금해만 했던 각종 수업을 듣는 게 내 방식의 휴식이자 재활치료였다. 안 써서 굳은 근육은 몸에만 있는 것이 아니기에, 생각을, 감각을, 안 써온 퇴화된 나의 '근육'들을 톡톡 깨워 사용하는 법을 보고 배웠다. 그리하여, 성실한 휴직 열흘 차에 비로소, 할렐루야, 허리가 아프도록 누워 천장을 보는 멍한 나를 만났다. 나는 천장 왼편에는 The show must go on을, 오른편에는 Your fight is over를 눈으로 적어 두고는, 그 둘을 만지작거렸다. 그게 꼭 갈림길에 서서 왼쪽과 오른쪽 길을 두고 양자택일해야 하는 상황 같았다.

한참을 골똘히 이리저리 생각을 굴리다 보니 이게 정말 양자택일의 상황일까, 싶었다. 길을 걷다 보면 그런 갈림길이 있지 않은가, '이어진 갈림길'. 내 삶의 단편적인 경험들도 어떻게든 꿰어져 지금으로 이어졌듯이, 지금 앞에 보이는 양 갈래 길도 어느 쪽이든 걷다 보면 이어지지 않겠는가. 그렇게 생각하니 마음이 한결 편안해졌다. 그리고 어쩐지 그 이어진 갈림길이 만나는 끝에 다다르면 교수님 특유의 카랑카랑한 목소리가 들릴 것만 같았다. 따뜻한 버전일지 엄한 버전일지 또는 채근하는 버전일지 모르겠지만….

'The show must go on…'

에필로그

# 초심을 떠올리며

예닐곱살 꼬맹이는 부모님이 그만 집에 가자고 부를까 봐 콩닥콩닥 코를 박고 남의 집 책을 탐독했다. '공부하던 척'하던 여고생은 그만 자라는 엄마의 성화에 이불 속에서 몰래 밤을 새워 세계명작전집을 읽었다. 인문학도 대학생은 낡은 책 냄새에 홀려 학교 도서관 서가를 골목 삼아 따라 걸었고, 바삐 뛰던 직장인은 이 나라, 저 나라를 갈 때마다 '참새 방앗간' 마냥 보이는 서점을 쉽게 지나치지 못했다.

작년에 콩알만 한 개인전시회를 할 때, 사람들이 바쁘게 지나가던 걸음을 잠시 멈추고 내 그림을 바라봐주는 게 참 기뻤다. 내가 그림 그리며 시간가는 줄 모르고 몰입했듯, 잠시나마 '탈 현실'할 수 있는 시간을 선물한 것 같은 기분이었지 싶다. 쓴 글들을 모아 책으로 만드는 마음도 비슷했는데, 여러 번 퇴고한 만큼 읽는 분들은 술술 읽을 수 있기를, 그러는 와중에 공감하여 한번 '쿡' 웃을 수 있는 시간을 줄 수 있는 책이길 바란다.

한편으로는 소통하고 싶은 마음으로 시작한 일이 소비되고 싶은 마음으로 변하는 과정도 겪었지 싶다. 초심을 떠올리며, 그런 의미에서 읽고 난 분이 다음 사람에게 넘겨줄 수 있도록 어릴 적 추억까지 담아 '독서카드'를 책 표지의 마지막 장에 넣었다.

첫 번째 독자인 내 이름까지 적어 넣고 나니, 비로소 내 책 같다.

## 그림 목차

Cover

Hippos fly, they do!, 2017
종이에 파스텔
15cm x 17cm

p.15

Self portrait, 2013
종이에 파스텔
49cm x 37cm

p.16

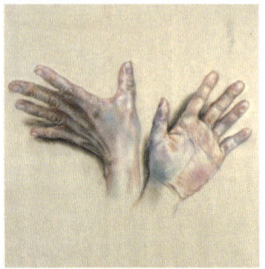

Reaching high &
Letting go, 2020
종이에 파스텔
25cm × 30cm

p.77

Faith, 2017
종이에 파스텔
36cm x 44cm

p.78

Pride, 2011
종이에 파스텔
67cm x 45cm

p.102

Take me home, 2014
종이에 파스텔
16cm × 23cm

p.122

무제, 2013
종이에 펜, 수채
10.5cm × 14.8cm

p.129

무제, 2012
종이에 색연필
49cm x 40cm

p.130

**Hope**, 2017
종이에 파스텔
29cm x 21cm

2nd Prize, Dec - Jan Show,
Society of Western Artists,
California, USA

p.152

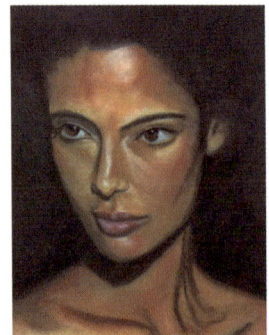

**Furiosa**, 2011
종이에 파스텔
47cm x 31cm

p.196

**@ Charles de Gaulle airport**, 2013
종이에 펜, 수채
10.5cm × 14.8cm

p.201

**Self portrait**, 2013
종이에 파스텔
49cm x 49cm

**무제,** 2013
종이에 펜, 수채
10.5cm × 14.8cm

Hannah, 2013
종이에 수채, 파스텔
67cm x 45cm
2013년 제 24회 한국 파스텔화
공모대전 입선

Toddlerhood, 2017
종이에 파스텔
67cm x 45cm
2017년 제 24회 한국 파스텔화
공모대전 입선

독서카드

| 서명 | 나의 별로 가는 길 |
|---|---|
| 저자명 | Jaye 지영 윤 |
| 출판사 | 희망사업단 |
| 등록번호 | 978-89-98717-80-3 |

| start | name | end |
|---|---|---|
| 2025.02.01. | 윤지영 | 2025.03.15. |
| | | |
| | | |
| | | |
| | | |
| | | |
| | | |
| | | |
| | | |
| | | |
| | | |